EXAMEN ABRÉGÉ
DE
QUELQUES ERREURS
DE
L'EGLISE ROMAINE,

Offert aux Habitans de Gaillac,
(*Tarn*);

Par J.-J.-A. MORACHE, Chrétien Réformé.

La vérité vous rendra libres.
JEAN, VIII. 32.

A AGEN,
DE L'IMPRIMERIE DE J.-A. QUILLOT.
1828.

Aux Habitans de Gaillac,

Mes Chers Concitoyens,

Convaincu que de la vérité seule dépend le bonheur du genre humain, j'ai cru que cette vérité ne saurait être indifférente à l'homme, et, en cette qualité, je l'ai cherchée. La Religion devant être le premier sujet de nos méditations, je me suis efforcé d'acquérir sur elle des idées justes; heureux si j'ai pu y réussir! Fort de ma conscience, je prends la liberté de vous offrir mes recherches, non comme une règle que vous deviez suivre, mais comme un hommage pur et sincère d'un cœur droit et ami de la raison.

Avertissement.

L'écrit que je publie est destiné à justifier aux yeux de mes anciens coreligionnaires l'abandon que j'ai fait des Doctrines Romaines pour les Doctrines Protestantes. Je prie le lecteur de le considérer comme l'ouvrage d'un homme qui, convaincu des vérités Evangéliques, rend compte de sa foi, la bible à la main. Quant à ceux qui sont encore flottans entre la Révélation et le déisme, ce petit livre ne peut leur être d'aucune utilité; il ne servira également en rien à ceux qui, persuadés de l'existence d'une Religion révélée, mais non fixés sur les caractères que doit présenter tout dogme venant de Dieu, y chercheraient de quoi reposer leur incertitude. J'ai laissé de côté mon opinion particulière, qui consiste dans une conviction profonde que les croyances destinées aux hommes doivent, pour atteindre leur but, être adaptées à leur intelligence, et j'ai raisonné dans le cas où la bible serait vraie dans tout son contenu.

Je me propose de publier un jour les motifs qui m'ont conduit à croire que la Révélation ne doit être que le type de la raison et de la conscience.

Préliminaire.

S'il fut jamais une idée chimérique, c'est sans doute celle de vouloir, au dix-neuvième siècle, entretenir les hommes de matières de religion. Ne semble-t-il pas, en effet, qu'après les tristes expériences que nous ont transmises les âges passés, et les leçons plus excellentes de la philosophie moderne, les mots de disputes religieuses, relégués dans le langage des souvenirs affligeans, ne devraient plus servir qu'à exciter dans nos cœurs une profonde pitié pour les déplorables erreurs de nos pères? La diversité des croyances devrait-elle être encore un objet de séparation; ou plutôt chacun de nous, vivement attaché à la sienne, ne devrait-il pas s'efforcer d'y conformer sa conduite, indifférent d'ailleurs pour les pensées d'autrui? Mais, hélas! tel est le funeste aveuglement des hommes, que, confondant leur bonheur avec leurs opinions, ils paraissent ne pouvoir exister ensemble avec des sentimens divers, et qu'entraînés par un zèle fanatique pour ce qu'ils croient la vérité, leur imagination enflammée, excitée peut-être par des docteurs plus fanatiques encore, leur peint comme des monstres des mortels dont tout le crime fut souvent d'être plus sages qu'eux.

Où trouver, cependant, la cause d'une perversité aussi générale, ailleurs que dans cette perversité elle-même? et comment lui assigner une autre origine que l'orgueil dont le cœur humain est rempli? C'est par lui que l'homme se persuadant qu'il peut, dans ses pensées, mesurer les pensées éternelles, osa substituer, presque dans l'enfance du monde, le culte de ses passions au culte de la Divinité. Or, ces passions variant de peuple à peuple, et souvent d'indé-

vidu à individu, il y eut dès-lors autant de religions que de climats ou de caractères; de là l'intolérance et ses poignards. Plus tard, et lorsque la Parole Divine, daignant s'abaisser jusqu'à nous, vint rappeler l'univers à cette pureté primitive dont il était malheureusement déchu, ce fut encore l'orgueil qui, relevant son front superbe, s'efforça de substituer ses oracles aux oracles du Fils de Dieu, et son infaillibilité stupide au code de la vraie foi. Oh! qui pourrait envisager, sans frémir, ce que devint alors le Christianisme? Les noms ridicules d'Eutichéens, de Manichéens, de Nestoriens, de Pélagiens, etc., naissant, se heurtant, se renversant tour à tour, couvrirent la terre de la fange ensanglantée de leurs disputes, et donnèrent au monde un grand exemple de ce que peut l'humaine sagesse à la place de l'Eternelle Autorité.

Tel fut l'état du Christianisme pendant une longue suite de siècles: état bien déplorable sans doute, où la religion de Jesus, à la fois si sublime et si simple, semblait devoir se perdre dans un chaos de mots barbares et de ridicules superstitions. Enfin, renaissant les lumières, la Réforme les suit de près; l'Europe étonnée se réveille, et l'Evangile reprend ses droits.

Mais je m'aperçois que j'anticipe, ou plutôt que je sors de mon sujet, car je voulais indiquer simplement le but de cet écrit, et non retracer l'histoire de la religion. Je me hâte donc de revenir sur moi-même, pour dire au lecteur que je me propose de parler de la Réforme, non pour ressusciter de vaines et inutiles dissertations, mais pour rappeler les hommes à l'esprit de l'Evangile, véritable source de l'unité et de la tolérance, et le tombeau de la superstition.

CHAPITRE PREMIER.

Quelques mots sur la Tolérance Civile.

Je vais défendre la Foi Évangélique, et déjà tout m'avertit que l'amour de la tolérance doit présider à mes pensées. O Tolérance! vertu des ames fortes, reçois aujourd'hui l'hommage d'un chrétien que ton absence a fait long-temps gémir! D'obscurs sophistes ont osé corrompre ton divin langage; bien plus, ils n'ont pas craint de méconnaître tes bienfaits et tes droits. Daigne à ton tour parler pour confondre leur rage, repousser leurs attaques, et verser sur des mortels qui t'adorent la douce rosée qui découle en abondance des institutions animées de ton esprit.

Ces institutions, les Français les possédent; leur charte, modèle de sagesse que tous les gouvernemens monarchiques devraient se hâter de copier, octroie à tous les cultes établis une égale liberté d'exercice, accompagnée d'une égale protection; c'est-à-dire que, les élevant tous au même niveau, elle les couvre également de l'égide de la loi, et ne souffre point qu'on les attaque sous quelque pretexte que ce puisse être. Or, dire que des institutions qui protégent également tous les cultes sont des institutions de déiste, et en raisonnant selon l'abbé de la Mennais, des institutions d'athées, c'est contredire non-seulement les droits du genre humain en blessant le domaine de la conscience, mais encore l'esprit de Dieu qui veut que chacun suive l'opinion dont il est pleinement convaincu (1). Il est certain que ceux qui se sont plu à faire une pareille objection, n'y avaient guère réfléchi; car autre est le législateur, autre est la personne. Si les principes de nos adversaires s'appliquaient aux législateurs en tant qu'hommes, ils deviendraient dès-lors incontestables! et nous serions les premiers à les embrasser; mais il est au contraire de la dernière évidence qu'il n'appartient pas plus aux législateurs, considérés comme tels, de prononcer sur les affaires religieuses, qu'il n'appartient aux lois civiles de régler des lois théologiques.

Nous voici arrivés à une question traitée par plusieurs hommes célèbres sous des rapports entièrement politiques, mais dont la solution diffère sous un autre point de vue. Un législateur doit-il permettre dans ses états l'établissement d'une religion nouvelle? — Non, dit le clergé romain, déjà tremblant pour son œuvre. — Mais je réponds : c'était donc à bon droit que les empereurs romains proscrivirent des leurs le Christianisme, et je demande ce que devient alors la gloire des martyrs?

On objectera sans doute que cette comparaison pèche en ce qu'elle est établie entre deux religions de nature différente, c'est-à-dire l'une éminemment vraie et l'autre éminemment fausse. Mais sans nous arrêter à prouver que toute religion naissante sera toujours réputée pour mauvaise par cela seul qu'elle se trouvera en opposition avec la religion dominante, nous nous servirons encore ici de la même distinction employée un peu plus haut. Le législateur, dirons-

(1) Rom. XIV. 5. Que chacun soit pleinement persuadé en son esprit.

nous, est incompétent en tant que législateur dans ces sortes de matières. Décider de la fausseté d'une religion, c'est parler en théologien et non en empereur et en roi. Ceux qui veulent immiscer les souverains dans de telles questions oublient la distinction des deux puissances, que dans d'autres circonstances ils sont si prompts à réclamer. Au reste, comme on le voit, nous ne parlons ici que par rapport au droit rigoureux ; les combinaisons de la politique ne sont pas de notre ressort.

La légitimité d'une loi qui place les cultes au même rang, demeurant prouvée, il reste à savoir s'il est permis de déverser l'injure sur ces cultes, et si la qualité de ministre d'une religion peut donner à quelqu'un le droit d'attaquer les religions opposées ? or, il me paraît que la question se réduit aux deux suivantes : protége-t-on quelqu'un l'orsqu'on souffre qu'on l'offense ? — Un ministre d'un culte est-il au-dessus de la loi ?

Et cependant la religion réformée est, en France, l'objet de sanglantes invectives, et le silence règne là même où la défense devrait régner ! Les secousses violentes imprimées aux esprits par une succession de causes également grandes et inouies, avaient totalement aliéné les pensées de ces coups terribles portés presque sans interruption aux Chrétiens Evangéliques pendant trois siècles consécutifs. Mais avec la paix, dans les affaires temporelles, s'est réveillée cette haineuse antipathie que le clergé romain n'a cessé de manifester contre eux depuis l'époque à jamais mémorable de la Réforme. Serait-il donc possible que le fanatisme se préparât encore à aiguiser ses dards contre les membres de la Sainte Eglise de Dieu? Il existe des institutions, dira-t-on? mais qu'est-ce que des institutions que tout le monde élude et qui ne sont respectées que de ceux qu'elles sont censé protéger? (1)

Et qu'on ne se persuade pas que ce que nous avançons ici ne soit qu'une pure chimère, fruit d'une imagination alarmée, il serait facile de citer une foule d'écrits où la religion Evangélique est violemment injuriée ; sans compter encore tout ce qu'elle a à essuyer de la part des prédicateurs et des missionnaires romains dans les provinces où elle est le plus répandue. Or, qu'on nous le dise, sont-ce là les conséquences de ce qu'on appelle une égale protection?

Pour nous, nous osons l'avouer, vivement consternés d'un tel état de choses, nous avons cru ne pouvoir garder un silence trop semblable à l'incapacité ou à l'impuissance de répondre. Loin de nous cet esprit superbe de prosélytisme si justement repoussé par les lumières du siècle, indigne de la vérité et offensant pour son auteur. Appelés par la Divinité, du sein d'une religion toute humaine à la lumière sacrée de son Evangile, nous n'oublierons jamais que l'amour du prosélytisme n'est que l'amour de soi ; amour bien différent de cette charité cosmopolite dont le chrétien doit être embrasé. Heureux si nos paroles, empreintes de cette charité qui nous anime, en rappelant au bercail quelques brebis égarées, peuvent encore fournir aux anges un sujet nouveau d'allégresse et de jubilation.

---

(1) Quant à ceux qui seraient tentés d'appeler ceci un mensonge, nous leur opposerons l'exemple du prince de Salm-Salm !

CHAPITRE II.

Ce qu'on doit entendre par Christianisme.

Une chose étrangement négligée dans nos controverses, et propre cependant à répandre un grand jour dans les questions que nous aurons à traiter, c'est de bien s'entendre sur le mot Christianisme. J'ose dire que c'est de la définition exacte de ce terme que dépend la solution de plusieurs difficultés plus insidieuses que réelles, et où beaucoup se sont laissés prendre pour n'avoir pas commencé par où nous commençons.

Le mot Christianisme signifie doctrine du Christ. Or, il est évident que l'acception théologique de ce terme ne diffère en rien de sa signification grammaticale; car toujours il sera vrai de dire que la profession de Christianisme consiste dans la profession de la doctrine de Jesus, comme il le sera qu'on n'est Mahométan qu'en suivant la doctrine de Mahomet.

Ceci posé, il ne s'agit plus que de savoir ou gît cette doctrine, et où l'on pourra la trouver pure et sans mélange, c'est-à-dire, telle qu'elle a été enseignée par son auteur? Question très-importante, sans doute, mais plus facile à décider avec un peu de bon sens, qu'au moyen de longues dissertations théologiques.

J'avance comme une chose certaine que le plus sûr moyen de s'assurer si l'on possède la vraie doctrine, c'est de la comparer à celle des temps apostoliques dont on ne peut contester l'éminente perfection. Car, indépendamment de cette vérité, que les eaux d'un fleuve sont plus pures à sa source qu'après un long cours, il est visible que les Apôtres de Jésus-Christ, et remplis de l'esprit de Dieu, durent posséder dans toute sa pureté la doctrine du Sauveur du Monde, et qu'il n'appartient qu'à la mauvaise foi de soutenir que les hommes du dix-neuvième siècle puissent être plus parfaits chrétiens que ceux du premier; or, autant vaudrait dire, ce me semble, que vous connaissez mieux aujourd'hui la doctrine de Platon que ne la connaissaient ses propres disciples.

Cependant, avançons encore et ne craignons pas de nous demander quel serait le motif qui pourrait nous induire à penser que le Christianisme puisse être aujourd'hui plus parfait qu'il ne l'était aux temps apostoliques. Je ne connais d'abord, pour une doctrine, que deux genres de perfectionnement : l'augmentation ou la diminution des préceptes dogmatiques et moraux, ou une manière plus parfaite de les entendre. Quant à la première supposition, indépendamment qu'elle est flétrie par l'Ecriture (1), et notamment par une condamnation formelle de l'apôtre St. Paul (2), elle est encore inju-

(1) Vous n'ajouterez rien à la parole que je vous commande, et vous n'en diminuerez rien; afin de garder les commandemens de l'Eternel, votre Dieu, lesquels je vous commande de garder. Deut. IV. 2. N'ajoute rien à ses paroles de peur qu'il ne te reprenne et que tu ne sois trouvé menteur. Prov. XXX. 6. Or, je proteste à quiconque entend les paroles de la prophétie de ce livre, que si quelqu'un ajoute à ces choses, Dieu fera tomber sur lui les plaies écrites dans ce livre, et si quelqu'un retranche quelque chose des paroles du livre de cette prophétie, Dieu lui enlèvera la part qu'il a dans le livre de vie, dans la sainte cité, et dans les choses qui sont écrites dans ce livre. Apocalyp. XXII. 18.

(2) Quand nous-mêmes vous évangéliserions, ou quan

rieuse envers la Divinité qui ne peut être accusée d'avoir négligé de révéler à ses apôtres des choses nécessaires, ou de s'être plu à parler inutilement; et quant à la seconde, elle est au moins impie, parce que, en frappant le Fils de Dieu d'impuissance ou d'incapacité, elle déclare de simples mortels, qu'il a constitués ses ministres, supérieurs à la Parole Eternelle. (1)

Ecoutons maintenant M. le Comte de Maistre, s'efforçant d'excuser les variations survenues dans la doctrine romaine: la manière dont il s'y prend est admirable. L'Eglise, dit-il, est une souveraineté comme une autre qui tend à se perfectionner. Mais nous demanderons d'abord à M. le Comte, ce qu'il a pu trouver de commun entre l'Eglise et le Christianisme, il me semble qu'il y a entre ces deux choses toute la différence qui existe entre les disciples de Socrate et sa doctrine. Le Christianisme est la chose crue; l'Eglise est la réunion de ceux qui croient, et si je conçois un perfectionnement possible dans l'Eglise par un accroissement de ses membres, je suis loin de concevoir de même, comment cette augmentation peut influer en rien sur la croyance qu'ils embrassent.

---

un ange du Ciel vous évangéliserait, outre ce que nous vous avons évangélisé, qu'il soit anathème.... Si quelqu'un vous évangélise outre ce que vous avez reçu, qu'il soit anathème. Ep. aux Galat. 1. 8. Or, je le demande, un Evangile auquel on aurait ajouté ou dont on aurait retranché, serait-il le même Evangile?

(1) Avouons que ce n'est pas tout-à-fait sans raison que M. Condorcet disait à l'assemblée nationale que le » dépôt de la révélation n'a pas dû se grossir en traver» sant les siècles, et que les fidèles de nos jours ne » sont pas tenus à croire davantage que ceux de l'Eglise » des premiers siècles ».

D'ailleurs, M. de Maistre établit ici une comparaison entre deux choses entièrement opposées. On dirait qu'il n'a pas vu, ou du moins qu'il n'a pas voulu voir, que les deux souverainetés (si toutefois l'Eglise en est une dans le sens de M. de Maistre) (1) ont eu des commencemens absolument différens. Il est bien vrai qu'il est de l'essence des souverainetés humaines de se perfectionner, parce que ceux qui les établissent n'ont en partage, ni une science parfaite, ni une entière infaillibilité; mais une souveraineté dont un Dieu daigne être le législateur, ne peut être que parfaite à son origine.

Le perfectionnement de la doctrine étant une chimère, en d'autres termes une absurdité, il demeure prouvé que l'enseignement des apôtres est le seul vrai et le seul pur; c'est donc de la conformité de nos opinions aux dogmes apostoliques que nous devons nous servir pour prouver la sainteté de notre Religion, et dissiper les obscurs argumens d'une vaine scolastique dont l'Eglise romaine s'efforce de masquer l'astre radieux de la vérité.

CHAPITRE III.

D'un préjugé contre la Réforme.

De tous les maux qui affligent l'esprit humain, le plus déplorable et à la fois le plus invincible, c'est la folie des préjugés. Quelques hommes superficiels se hâtent de pronon-

(1) Cette question sera examinée plus bas.

cer sans comprendre; d'autres, plus inconsidérés, reçoivent leur décision sans examen, et c'est ainsi qu'une erreur, qu'un soufle de la raison suffirait souvent pour détruire, est transmise d'âge en âge, et se perpétue sous l'apparence usurpée de la vérité.

On l'a dit depuis long-temps : de tous les pays du monde, la France est la contrée où cette maladie a le plus généralement régné. Cependant, grâce aux bienfaisantes lumières de la philosophie, les Français étaient sur le point de secouer ce joug servile, quand des hommes d'un génie alarmant se sont élevés pour arrêter les progrès de la sagesse et entraîner notre siècle dans une marche rétrograde vers les siècles passés. Insensés! ils craignent donc la lumière! et ils font bien, car les ténèbres seules conviennent à leurs desseins!

Sans nous arrêter pour le moment à cette déplorable entreprise des agens de la barbarie antique, nous nous contenterons de parler ici d'un préjugé commun contre la Réforme, et sans doute aussi vieux qu'elle. Qu'est-ce que la religion Réformée, nous dit-on? une institution nouvelle, ouvrage d'un Luther et d'un Calvin, hommes sans pouvoir pour créer de nouveaux dogmes dont l'établissement n'appartient qu'à la Divinité.

A ce langage, qui ne reconnaîtrait l'influence de ces sombres peintures dont le clergé romain s'est plu dans tous les temps à noircir aux yeux de ses adeptes la religion Evangélique, aux progrès de laquelle il s'oppose de toute sa haine, comme l'erreur au triomphe de la vérité? Cependant, il faut le dire, n'est-il pas inconcevable qu'une telle logique, fondée uniquement sur un abus de termes, ait pu jouir du moindre poids dans la balance de la raison humaine, ou plutôt ne doit-on pas gémir ici de cette incurable légèreté de l'esprit de l'homme toujours prêt à embrasser comme une réalité le fantôme des idées reçues ?

Objecter à un chrétien réformé, pour infirmer ses opinions, qu'à la Divinité seule appartient l'établissement de toute doctrine, c'est avouer le point fondamental de son système, et lui rappeler une idée qu'il chérit. Ignore-t-on en effet que c'est dans la profession des croyances apostoliques que consiste la Foi Evangélique, et que l'objet de la réforme n'a pas été d'ajouter à ces dogmes des dogmes nouveaux, mais d'en éloigner toutes les inventions humaines qu'avaient placées dans l'édifice religieux la main du temps et de la superstition ? Or, je le demande, est-ce établir la religion que de la réduire à ses vrais principes, et peut-on donner au Christianisme, rappelé à sa pureté primitive, le nom infamant de secte d'un jour ?

Ainsi tombe, à l'aide d'un peu de raison, cet argument, prétendu invincible, destiné par l'Eglise romaine à saper le fondement de la Réforme, de même qu'une faible vapeur répandue dans l'obscurité des nuits, se dissipe et disparaît aux premières lueurs du jour.

Ils agirent donc légitimement ces hommes qui, effrayés du honteux mélange d'enseignemens divins et profanes, refusèrent de prostituer leur encens aux idoles de Babylone, et qui enseignèrent aux hommes de leur siècle que là où gît l'enseignement apostolique, là gît aussi la vraie doctrine. Leur droit fut le droit de la vérité contre l'erreur; celui qu'on ne saurait contester aux humains de ne soumettre leurs pensées qu'aux pensées éternelles, le droit enfin imprescriptible de la raison.

CHAPITRE IV.

Nécessité d'une autorité ; erreur de M. de Maistre sur le Gouvernement de l'Eglise.

S'il est nécessaire que l'homme professe une religion, il ne l'est pas moins que cette religion ait une base solide qui soit le fondement invariable des dogmes qu'elle enseigne et le garant de leur certitude. Cette vérité est indubitable et fondée sur la nature même des choses : que si j'avais à faire connaître le mensonge et la vérité, les qualités qui les caractérisent et qui les distinguent, je dirais, entre autres choses, que le mensonge, comme les causes qui l'enfantent, change et varie avec nos préjugés, tandis que la vérité, fille du ciel, demeure toujours la même, comme la Divinité dont elle émane. Or, dans une religion quelconque, une continuité non interrompue d'une doctrine toujours constante, ne peut se soutenir qu'au moyen d'une autorité, et ce n'est pas, à mon avis, une faible preuve de la vérité de la religion chrétienne que son existence dans son sein.

Cependant, qu'il est affligeant pour un chrétien de voir un dogme destiné à être le principe de l'unité, devenu l'objet de disputes et de divisions déplorables ! L'orgeuil et l'ambition d'asservir à ses pensées les pensées du genre humain ont porté le désordre jusques dans le bercail, et les passions ont voulu dominer là même où les passions doivent s'éteindre. L'Evangile, sans force, presque tombé dans l'oubli, a fait place à des décisions absurdes et contradictoires; la religion ne présente plus que l'aspect hideux du chaos.

Toutefois, gardons-nous de prostituer notre bouche à des paroles d'outrages dans une matière où la compassion sied bien mieux que l'insulte; qu'il nous suffise de faire ressortir le peu de solidité des preuves sur lesquelles repose l'infaillibilité de l'Eglise romaine, d'indiquer celles de l'opinion contraire, et de montrer ainsi, aux yeux des hommes sages et éclairés, quelles sont les causes des erreurs ridicules et dignes de pitié qui enchaînent plus de la moitié de l'europe chrétienne.

Mais avant de combattre d'une manière directe le système de l'infaillibilité, il s'agit de bien comprendre quel est le sens du mot *Eglise*, et le genre de son gouvernement; et d'abord, si nous en croyons M. le comte de Maistre, l'Eglise est évidemment une monarchie « parce» que l'idée seule de l'universalité suppose cette » forme de gouvernement dont l'absolue néces» sité repose sur la double raison du nombre » des sujets et de l'étendue géographique de » l'empire. » (1)

On conçoit facilement que l'idée première de M. de Maistre a du naturellement le conduire à une telle conséquence, car pour un pape, roi universel, il fallait nécessairement une monarchie universelle. Nous espérons cependant que l'érudit théologien nous permettra de douter que les hommes moins dominés du désir de voir une puissance sans bornes entre les mains d'un pontife, puissent consentir à embrasser une opinion aussi légèrement hasardée.

---

(1) Du pape, liv. 1, chap. 1.

Non, M. le comte, l'Eglise n'est pas une monarchie, et vous ne l'eussiez jamais prétendu si vous aviez pris la peine de consulter le seul témoignage éminemment irrécusable, et contre lequel vient se briser tout votre colosse d'autorité papale.

Ecoutez le fils de Dieu dans une de ces leçons de sagesse qu'il prodiguait à ses apôtres : « Vous savez, leur dit-il, que ceux qui do-
» minent sur les nations les maîtrisent, et que
» les grands d'entr'eux usent d'autorité sur elles;
» mais il n'en sera pas ainsi entre vous; mais
» quiconque voudra être le plus grand entre
» vous, sera votre serviteur. Et quiconque d'en-
» tre vous voudra être le premier, sera le ser-
» viteur de tous. (1)

Certes, il faut l'avouer, ce serait une étrange monarchie, que celle où régnerait une égalité aussi parfaite.

Quand donc M. de Maistre, pour établir l'infaillibilité de l'Eglise, s'efforcera de donner le change à nos idées, en nous assurant qu'il ne réclame pour elle aucun privilége particulier, mais que l'infaillibilité dans l'ordre spirituel, et la souveraineté dans l'ordre temporel, sont deux mots parfaitement synonimes (2), nous lui dirons : vous avez erré en comparant deux choses absolument différentes, car l'Eglise ne ressemble en rien aux souverainetés temporelles. Là, quelques-uns commandent et le reste obéit; ici, au contraire, règne la noble égalité des enfans de Dieu. Les chrétiens n'ont d'autre maître que sa Parole, qui est leur chef et leur

---

(1) Marc. x. 42. On lit encore la même chose dans le même Evangéliste. ix. 35.

(2) Du Pape, liv. 1, chap. 1.

roi, étant constituée par son père la maîtresse pierre du coin de l'édifice (1), et le pontife éternel de la nouvelle alliance (2). Or, je le demande, serait-ce aux sujets d'un tel prince, que l'étendue géographique de l'empire pourrait causer la moindre alarme?

CHAPITRE V.

Corruption de la Théologie. — Premier argument contre l'infaillibilité, tiré de la définition du mot Eglise.

Il est une science généralement méprisée dans le dernier siècle, et digne cependant de la vénération du sage et du respect de l'univers : la Théologie, dont le nom seul semble comprendre en soi une satyre ; mais les principes confondus avec un ridicule verbiage, ne devinrent la risée des hommes que par le honteux mélange que d'obscurs sophistes firent, de ses préceptes, avec les plus révoltantes rapsodies. Simple et précise à son origine, son étendue se bornait à l'exposition de quelques dogmes regardés comme le fondement de la foi chrétienne, et à l'explication d'une morale dont le commentaire est gravé dans le cœur. Mais tel est le déplorable empire que l'orgueil exerce sur les pensées de l'homme,

(1) Ephés. II. 20. Jesus-Christ était lui-même la maîtresse pierre du coin.

(2) Psaum. cx. 4. Tu es sacrificateur éternellement à la façon de Melchisédech.

qu'il n'a pas craint d'allier son ouvrage à l'œuvre de la Divinité, et de donner les paroles de sa bouche pour les oracles de la sagesse éternelle. Dès-lors, le livre de la vraie croyance, à la fois si lumineux et si sublime, ne fut plus qu'une autorité subalterne et inférieure à l'humaine autorité; la religion devint ténèbres, on ne comprit plus, on ne s'entendit plus, et le chrétien égaré au milieu d'un dédale de superstitions absurdes, demanda en vain quel devait être l'objet de sa foi. C'est ainsi que le christianisme, entraîné avec rapidité vers sa décadence, était sur le point de disparaître pour toujours, lorsque celui qui a établi ses fondemens sur le rocher des siècles, confondant dans leurs propres mensonges les corrupteurs de sa doctrine, se hâta d'offrir, dans la réforme, aux mortels de bonne volonté, une planche contre un naufrage devenu presque général.

On conçoit facilement qu'une passion telle que l'orgueil s'irrita de ses succès mêmes, et qu'au milieu d'une ignorance universelle, elle n'eut pas de peine à s'attribuer l'infaillibilité qui n'appartient qu'à Dieu. Bientôt cette infaillibilité devint un dogme qu'il fallut croire sous peine de damnation; et l'ère chrétienne comptait à peine trois siècles lorsqu'on vit quelques pontifes, gravement assemblés, décider eux-mêmes qu'ils étaient infaillibles, et convaincre par cette décision une multitude hébêtée. Or, le grand argument du troisième siècle est encore le grand argument du jour; on croit à l'infaillibilité de l'Eglise romaine parce qu'elle soutient la vérité de ses oracles; et soit par indifférence ou par l'illusion que jette dans l'esprit une idée antique, on admet, comme un principe incontestable, ce qu'une définition exacte suffit seule pour ébranler.

J'appelle, en matière de religion, définition exacte, une définition fondée sur l'autorité de la révélation, qui n'est autre chose que l'Ecriture; et si, à ce caractère d'évidence, vient encore se joindre l'assentiment formel de ceux-là même à qui la définition est contraire, je soutiens qu'elle a, dès-lors, acquis le dernier dégré de certitude, et ne peut plus être raisonnablement contestée.

Le mot *Eglise* a deux acceptions dans le langage de l'inspiration divine : il signifie d'abord le corps entier des rachetés, tant ceux dont la vie a été couronnée par une fin glorieuse, et qui jouissent déjà dans la sainte Sion du prix réservé aux sublimes vertus, que ceux qui, exilés encore pour un temps de la céleste patrie, combattent ou combattront tour à tour, dans l'avenir, sur cette terre étrangère (1). Le mot *Eglise*, désigne encore une société particulière des fidèles réunis au nom de Jésus-Christ, et qui font de sa parole la règle de leur conduite et le fondement invariable de leur foi (2). Qu'on parcoure avec atten-

(1) Voilà l'Eglise que Jésus-Christ a aimée comme son épouse, et pour laquelle il s'est donné lui-même. Ephés. v. 25. L'Eglise qu'il a édifié sur la pierre, et contre laquelle les portes de l'enfer ne prévaudront point. Math. xvi. 18. C'est là l'assemblée des premiers nés qui sont écrits dans les Cieux. Héb. xii. 23. La famille qui est dans les cieux et sur la terre. Ephés. iii. 15. L'édifice dont les apôtres et les prophètes sont le fondement, et dont Jésus-Christ est la maîtresse pierre du coin. Ephés. ii. 20. Cette Eglise n'a qu'un seul pontife, Jésus-Christ. Héb. vi. 20. et chap. viii. 1. Qu'un seul autel, Jésus-Christ. Héb. xiii. 10. Qu'un seul sacrifice, celui de Jésus-Christ. Héb x. 12.

(2) C'est dans ce sens que saint Paul parle des Eglises de Christ. Rom. xvi. 16. Des Eglises des gentils *ibid.* xvi. 4. De l'Eglise de Dieu, qui est à Corinthe. 1. Corinth.

tion les livres Saints, que, la rage de la dispute dans le cœur, on cherche un seul passage contraire à ces deux acceptions, et j'ose dire que les efforts les plus opiniâtres et les plus contagieux se borneront à avouer leur impuissance et à manifester leur vanité.

Ceci posé, qu'est-ce donc que l'Eglise catholique? Je dis que c'est l'Eglise prise dans son acception générale, et mon opinion est non-seulement fondée sur la raison, mais encore sur le terme même de *catholique* qui est son synonyme. D'ailleurs, que l'on conteste tant que l'on voudra, nous avons des aveux précieux et respectés de nos adversaires; car nous espérons que nul papiste ne voudra méconnaître ce que l'évêque d'Hippones, Grégoire I.er, et l'Eglise romaine assemblée à Trente ont formellement reconnu (1).

---

1. 2. De l'Eglise des Thessaloniciens. 1. Thessa. 1. 1. et que le même apôtre recommandait aux fidèles romains de saluer l'Eglise qui était dans la maison de Priscille et Aquile. Rom. XVI. 5.

(1) « L'Eglise, qui est le corps de Christ, et dont il est » le chef, est celle qui est répandue par tout. Ce vaste » corps, dont le chef est monté au Ciel, comprend non-» seulement les fidèles qui existent, mais encore ceux » qui ont été avant nous, et ceux qui viendront après » nous jusqu'à la fin des siècles. *Aug. in Psalm.* 62. » Celui qui nous a fait possède une vigne, c'est l'Eglise » universelle. Cette vigne, depuis le juste Abel, jusqu'au » dernier des élus qui naîtra à la fin du monde, a poussé » autant de bourgeons qu'elle a eu de saints. *Grég. in.* » *ev. hom.* Il y a deux parties de l'Eglise, l'une est » appelée triomphante et l'autre militante. La triomphante » c'est la noble et belle assemblée des bienheureux, qui » jouissent de la béatitude éternelle; et la militante, » c'est la compagnie de tous les fidèles vivans sur la » terre. Toutefois il ne faut pas estimer qu'il y a deux » Eglises; mais, comme nous l'avons dit, il y a deux » parties de la même Eglise : l'une est allée devant, et

Or, s'il est vrai que l'Eglise catholique ne se borne pas aux fidèles du siècle présent, mais qu'elle embrasse aussi, dans son sein, les fidèles des siècles passés et à venir, il est donc certain que cette Eglise est encore essentiellement invisible, et je demande ce que devient alors tout cet effrayant système d'infaillibilité? Un mot nous suffit désormais contre l'Eglise romaine; êtes-vous l'Eglise catholique? Mais nous avons des argumens invincibles qui prouvent que l'Eglise ne peut errer; à ces argumens viennent encore se joindre notre unité, notre antiquité, notre perpétuité, la succession non interrompue de nos évêques, la primauté de notre premier pasteur, et mille autres raisons qu'il serait trop long d'énumérer. — De grâce, que prétendez-vous établir par tout ce verbiage? Que vous êtes une société particulière qui remonte jusqu'aux temps apostoliques comme les Eglises d'Orient? Mais encore une fois, êtes-vous, non plus qu'elle, l'Eglise catholique?

CHAPITRE VI.

Réponse aux argumens en faveur du système de l'infaillibilité, appuyés sur l'autorité de l'Ecriture.

Après avoir réfuté d'une manière aussi directe la prétendue catholicité de l'Eglise romaine, ne

» a déjà la jouissance du pays céleste, l'autre suit tous » les jours, jusqu'à ce qu'à la fin, unie au Sauveur, elle » repose là-haut en éternelle félicité. » Catéchisme du conc. de Trente.

serait-il pas permis de se demander quelle pourrait être la base d'un système ainsi dénué de son unique fondement? Car, en supposant même qu'il puisse résulter des diverses preuves alléguées par les défenseurs de l'infaillibilité qu'il existe une Eglise essentiellement infaillible, il n'en demeurera pas moins vrai que cette Eglise est nécessairement l'Eglise catholique, qu'on ne saurait plus confondre avec l'Eglise romaine. Mais, pour ne pas borner toutes nos réponses à un seul argument, dans une matière à la fois aussi importante et aussi décisive, nous procéderons encore à l'examen d'une question dont la solution, en brisant les dernières armes de l'erreur, répandra dans les esprits cette invincible lumière, indice certain et irrésistible de la vérité : l'Eglise, nous demanderons-nous, considérée même dans son acception la plus générale, est-elle infaillible? Nous laissons à nos lecteurs le soin de répondre plus bas à cette question.

Remarquons d'abord qu'il n'est pas permis de raisonner, en matière de foi, comme la plupart des hommes raisonnent sur des objets d'une nature indifférente, et que la providence, pour exercer l'entendement humain, abandonna à la libre investigation de notre esprit. Là, l'amour du système, appuyé d'observations plus ou moins incertaines, peut bien se permettre des conjectures, souvent capables d'acquérir à notre égard une apparence de certitude; ici, au contraire, tout doit reposer sur les preuves les moins ambiguës et les plus positives; car, de tous les blasphèmes, le plus grand, peut être, aux yeux de la Divinité, serait de dire au chrétien ; crois, sur le témoignage de ma parole, ce que ma raison ne saurait te démontrer. Or, quant au dogme dont il s'agit, les preuves positives ne sont que de deux genres : elles doivent être fondées sur l'Ecriture ou tirées de la nécessité même de la chose. Nous aurons donc atteint notre but si nous prouvons qu'il n'en existe pas de telles.

J'avance deux propositions dont l'établissement, en terminant la question qui nous occupe, manisfestera de quel côté réside la vérité — 1.° L'Ecriture ne contient pas de preuves positives de l'infaillibilité de l'Eglise : je le prouverai par l'examen des textes allégués en preuve.

2.° Il n'est pas nécessaire qu'il existe une Eglise infaillible : je le démontrerai par la réfutation des assertions opposées à notre opinion.

PREMIÈRE PROPOSITION.

L'Ecriture ne contient pas de preuves positives de l'Infaillibilité de l'Eglise.

Dès le commencement de sa prédication, Jésus-Christ, pour persuader à ses apôtres et à l'univers sa puissance plus qu'humaine et sa participation à la nature divine, avait daigné opérer publiquement des œuvres surnaturelles dont le monde n'avait jamais été témoin. Les miracles, qui découlaient journellement de sa main bienfaisante, en remplissant les juifs d'une profonde admiration, ne leur laissaient pas cependant apercevoir encore ce haut Mystère digne de l'étonnement des anges ; savoir : un Dieu caché sous une forme corporelle et sujet aux mêmes infirmités que nous. Les uns le confondaient avec Jean-Baptiste, d'autres prétendaient qu'il était Elie, ou quelqu'un des prophètes, échappé à l'empire de la mort. Un seul de ses disciples, Pierre, semblait avoir trouvé le secret de son origine céleste, et venait de le révéler à son maître par cette confession sublime : tu es le Christ fils du Dieu vivant. O! bienheureux Simon, fils de Jonas, lui répondit Jésus, d'avoir connu le secours de la chair et du sang, ce qu'il n'appartient à Dieu de manifester aux hommes ! Aussi, je te dis que « tu es Pierre, et sur cette pierre j'édi- » fierai mon Eglise, et les portes de l'enfer ne » prévaudront point contre elle. » (1)

S'il nous était donné de voir, dans l'opinion de l'Eglise romaine, l'évidence que nous croyons apercevoir dans la religion Evangélique, et que nous voulussions faire servir ce texte à notre utilité, nous raisonnerions ainsi : les portes de l'enfer ne sauraient prévaloir contre l'Eglise, c'est-à-dire qu'elle ne saurait tomber dans l'erreur ; or, cette promesse deviendra nulle si les pasteurs peuvent enseigner le mensonge : il existe donc une Eglise infaillible.

Mais on nous répondrait, et peut-être avec quelque apparence de raison, 1.° Que tout ce raisonnement n'est basé que sur un sophisme, puisqu'il suppose que les fidèles sont obligés d'ajouter foi aux enseignemens des pasteurs, sans pouvoir s'assurer par eux-mêmes de la conformité de leurs paroles avec l'Ecriture, ce qui est justement l'état de la question ;

2.° Que Jesus-Christ, dans le texte allégué, ne dit pas un mot des évêques, ce qui serait au moins nécessaires pour qu'il fut permis d'affirmer que c'est d'eux qu'il s'y agit ;

3.° Qu'enfin ces vains efforts de l'enfer, pour ébranler les fondemens de l'Eglise, annoncent seulement son indéfectibilité en général, et sa délivrance finale des ennemis de sa foi, inter-

(1) Math. xvi. 18.

prétation d'autant plus vraie qu'elle est fondée sur ce beau commentaire du fils de Dieu : « mes » brebis entendent ma voix, et je les connais, » et elles me suivent. Et moi, je leur donne la » vie éternelle, et elles ne périront jamais; et » personne ne les ravira de ma main. Mon père, » qui me les a données, est plus grand que tous; » et personne ne les peut ravir des mains de » mon père. (1)

Jesus-Christ venait de sanctionner par sa mort la religion divine qu'il avait annoncée à la terre; cependant la mort elle-même, impuissante jusques dans son triomphe, avait senti ses liens brisés se dissoudre pour obéir à sa proie, et l'univers étonné à l'aspect d'une victime triomphante, avait tréssailli jusque dans ses fondemens. Les apôtres, consternés de l'absence de leur maître, après avoir vu luire avec effroi ce troisième jour qui devait le ramener parmi eux, avaient entendu enfin la voix chérie du Sauveur des hommes leur donner sa paix, leur souhaiter sa paix, et leur communiquer la mission divine qui lui avait été confiée par son Père céleste : « allez, leur avait-il dit, enseignez toutes » les nations..... et voici, je suis avec vous jus» qu'à la fin du monde » (2).

En nous proposant de combattre les conséquences déduites de ce passage, nous avons été effrayés, nous l'avouons, de la force qu'ils semblent prêter aux argumens de nos adversaires; ce mot surtout *enseignez*, nous semblait être sans réplique; nous étions abattus, terrassés. Cepen-

---

(1) Jean. x. 27.

(2) Mathieu. xxviii. 19. On lit encore une déclaration semblable en S. Marc. xvi. 15. et en S. Jean. xx. 21.

dant, tandis que notre esprit impatient du joug, luttait, se débattait contre un système oppresseur de la pensée, nous nous sommes adressés deux questions importantes, dont la solution a été celle de la difficulté qui captivait notre raison. 1.° La charge d'enseigner suppose-t-elle nécessairement l'infaillibilité dans ceux qui la reçoivent? — Oui, si leurs enseignemens n'ont pu et ne peuvent être certains sans cette condition. 2.° — Les apôtres, et leurs successeurs dans l'enseignement, n'ont-ils pu ou ne peuvent-ils enseigner sans erreur s'ils ne sont infaillibles? La conduite de la providence éclairera cette question.

Le Christianisme devant être la religion de l'univers, et n'étant propagé à la mort du Christ que dans la province obscure de la Judée, il fallait une mission spéciale pour la faire connaître au reste du monde; car ce serait une idée bien chimérique que de penser qu'une religion, quelle que soit d'ailleurs sa perfection, puisse s'établir par sa seule énergie. Toutefois, et au terme même de l'Evangéliste, était-il nécessaire que cette mission fut accompagnée d'une promesse d'infaillibilité?

Raisonnons pour le temps où le Christianisme, encore dans son enfance, commençait à franchir les bornes de la région qui l'avait vu naître, et où ses progrès déjà rapides annonçaient ce qu'il devait être un jour. Cette époque touchait de trop près au moment où Jésus-Christ s'était séparé de ses apôtres; ses miracles, ses actions, ses paroles étaient trop présents à leur esprit, pour qu'il fut possible à l'erreur de se glisser dans leurs enseignemens, dans le cas même où ils n'auraient pas été infaillibles.

Mais, après qu'ils eurent presque tous péri

sous le glaive de la persécution, et en reculant du temps où les choses s'étaient passées, la pureté de la foi allait être malheureusement en butte à trop de chances, telles que l'orgueil des hommes et la manie de disputer sur ce que l'on comprend le moins, pour pouvoir subsister sans une autorité qui lui servit comme de caution. Aussi cette autorité naquit-elle de sa nécessité même. Dieu inspira à quelques-uns de ses apôtres de consigner, dans des écrits simples et lumineux, et les préceptes et les dogmes enseignés par son Fils; or, ces apôtres qui, comme on peut l'inférer de leur conduite, n'étaient pas de l'opinion que je combats, se hâtèrent de donner au monde ces livres sublimes, l'objet de l'admiration des sages, et dans lesquels subsiste encore le ministère des premiers pasteurs.

La voilà donc cette autorité unique et véritable, toujours la même, toujours constante, et que dix-huit siècles n'ont pu corrompre. Livre des cœurs! c'est ta doctrine que je veux suivre; tu guideras et mes sentimens et mes pensées; et lorsque des hommes, armés faussement de ton langage, s'efforceront de surprendre ma raison; lorsqu'ils voudront proposer à ma croyance d'autres dogmes que les tiens, je consulterai tes pages saintes, je les leur opposerai avec confiance, et je fermerai mon oreille à leurs blasphèmes, car tu es toute mon autorité.

Dieu est charité, a dit un apôtre; et cette parole dans sa bouche était l'inspiration de celui-là même dont la vie mortelle ne fut qu'une conséquence de son éternelle charité. Aimer, voilà la loi par excellence et le sommaire des préceptes que Jésus-Christ est venu proposer aux mortels. Aussi avec quelle tendre sollicitude ce divin Sauveur ne s'est-il pas efforcé de confirmer, par ses discours et par ses exemples, une vertu que l'univers méconnaissait encore, et que l'autorité de la philosophie n'avait élevé jusqu'alors qu'à la hauteur d'une vague spéculation. Charité, amour, tolérance, telle est la base du Christianisme et l'échelle mystérieuse par laquelle l'homme s'élève jusqu'à l'Etre éternel qui l'a créé. Heureux mille fois celui qui, fondant sur ces vertus l'espoir de sa réconciliation dernière, peut chercher dans le pardon des injures qu'il a reçues, une garantie contre la colère d'un Dieu suprême dont le dernier soupir fut un soupir d'oubli.

O vous que l'esprit de la vengeance anime, avez donc déjà pardonné soixante-sept fois sept fois? ah! s'il en était autrement, pourriez refuser de pardonner encore et demeurer sourd à la voix de celui qui a daigné vous prescrire jusqu'au mode de votre réconciliation. « Si ton frère, vous » dit-il, a péché contre toi, va, et reprends-le » entre toi et lui seul; s'il t'écoute, tu as gagné » ton frère; mais s'il ne t'écoute point, prends » encore avec toi une ou deux personnes, afin » qu'en la bouche de deux ou de trois témoins, » toute parole soit ferme. Que s'il ne daigne » pas écouter l'Eglise, qu'il te soit comme un » payen et comme un péager » (1).

C'est dans ces dernières paroles, isolées soigneusement de leur texte, que l'Eglise romaine, emportée par cette soif de domination qui la dévore, a cru trouver un appui au dogme tout humain de son infaillibilité. Jésus-Christ, a-t-elle dit, frappe d'un horrible anathème ceux

(1) Math. XVIII. 15.

qui refusent d'acquiescer aux paroles de l'Eglise; or, cet anathème serait pour ainsi dire ridicule si cette Eglise pouvait errer; donc je suis infaillible.

Toutefois ne pourrait-on pas lui répondre : votre argument est sans doute incontestable; mais vous eussiez dû établir d'abord : 1.° Qu'il s'agit ici de l'Eglise universelle; 2.° Que vous êtes cette Eglise; 3.° Enfin, qu'on puisse avoir besoin d'être infaillible pour rétablir l'union entre deux chrétiens.

Forcé de dérober ses jours aux périls d'une persécution violente, Paul s'était vu contraint de chercher en Macédoine une sécurité qu'il ne pouvait plus goûter chez les Ephésiens. Cependant l'auguste apôtre des gentils, alarmé par sa sollicitude paternelle pour des enfans qu'il venait d'engendrer à la Foi, ne cessait de leur rappeler, dans de touchantes épitres, et les bienfaits de Dieu à leur égard, et les devoirs d'une vocation sublime à laquelle les appelait la haute qualité de Chrétiens. C'est encore dans cette vue que Timothée était demeuré, par ses ordres, à Ephèse où il recevait de son maître les règles qui devaient servir de base à sa conduite dans la maison du Dieu vivant qui, selon l'expression de l'apôtre « est la colonne et le fon» dement de la vérité » (1).

Après avoir lu avec attention tout le chapitre qui renferme ce témoignage, ne peut-on pas se demander sans scrupule si les Théologiens romains, qui voulurent trouver dans ce texte un appui à leurs opinions, avaient pris soin de con-

(1) Epit 1. à Timoth. III. 15.

sulter eux-mêmes le passage de l'épitre où il est contenu ? un mot nous suffira pour mettre les lecteurs à l'abri du séduisant prestige que pourraient jeter dans leur esprit les argumens des défenseurs de l'infaillibilité ; il ne s'agit ici ni de l'Église romaine ni de l'Église catholique, mais bien de l'Eglise d'Ephèse qui, bien loin d'être elle-même la colonne et le fondement de la vérité, est devenue dès long-temps la proie des siècles, et n'a laissé à la mémoire des hommes que le triste souvenir de son nom.

Nous le disons donc avec confiance, l'Ecriture ne contient pas un seul passage favorable au système tyrannique inventé par des esprits superbes pour consolider leur empire sur des consciences soumises au joug d'une déplorable superstition ; et comment penser en effet que le même Dieu qui daigna imprimer dans l'homme une image de ses attributs éternels, en lui communiquant le don sacré de la raison, ait pu, par une contradiction indigne de sa sagesse, ravaler au-dessous de l'instinct de la brute cette faculté par laquelle il s'est plu à introduire sa créature jusques dans le sanctuaire de sa grandeur; non, non, la raison humaine, pénétrée de la sainteté de son indépendance, ne reconnaît d'autre autorité que l'autorité de l'Etre dont elle émane ; et justement indignée des blasphèmes des ennemis de ses droits, elle leur répond avec une majesté à la fois noble et fière : vous voulez me soumettre à votre empire ; mais songez donc à établir auparavant votre supériorité sur la sagesse éternelle, et à m'indiquer quels seront vos moyens de convaincre, quand j'aurai succombé sous vos coups. (1)

(1) Celui qui récuse la raison, a dit sagement Rousseau, doit convaincre sans elle.

CHAPITRE VII.

Que l'Ecriture est la seule autorité en matière religieuse. — Droit d'examen.

L'homme, disons-nous, veut connaître les motifs qu'il a de croire; l'Eglise romaine a dit à l'homme : tu croiras sans motif. Ne serait-ce pas que, lorsque l'orgueil humain est parvenu jusqu'à cet effrayant délire de substituer à la vérité ses ridicules inventions, l'excuse la plus raisonnable à ses mensonges est de donner sa volonté pour règle et ses passions pour autorité,

Sit pro ratione voluntas.

Mais l'homme aussi, fatigué d'une dépendance servile, a osé mander au tribunal de la raison, les frivoles prétextes qui la rendirent longtemps captive; et l'Evangile consulté avec confiance lui a appris qu'il existait pour lui un droit inviolable, le droit d'examen.

A ce mot je m'arrête, car déjà tout m'avertit de la nécessité d'une définition exacte afin de laisser le moins de latitude possible à l'arbitraire, dans une matière où la mauvaise foi serait le pire de tous les maux.

On ne saurait trop le répéter : de tous les moyens inventés contre la religion Evangélique, celui qui a porté le plus grand obstacle à son triomphe, sont les fausses idées dont le clergé romain s'est plu à empoisonner l'esprit de ses adeptes, en modifiant à sa manière jusqu'aux dogmes les plus sacrés de cette religion. Combien de gens ne voit-on pas en effet, qui ne craignent pas d'assurer, avec la meilleure foi du monde, que le droit d'examen, si vanté parmi nous, n'est autre chose qu'un droit que chaque chrétien Evangélique s'est arrogé de tout soumettre à une raison presque incrédule pour retenir ou rejeter ce qu'il jugerait conforme ou contraire à ses pensées et à ses passions? Or, à de telles accusations, le vrai chrétien n'oppose qu'un silence désespérant pour le mensonge et se contente de définir.

L'homme, en tant qu'être raisonnable, doit connaître pour croire les raisons qu'il a de croire; et c'est là, disons-nous, le principe du droit d'examen. Car, comme la grande raison de la foi chrétienne est l'autorité de la parole écrite de l'Eternel, il suit nécessairement que le seul moyen par lequel le chrétien puisse légitimer à ses yeux sa croyance, c'est de la comparer à cette autorité - mère, à laquelle on ne saurait contester d'être la base de toutes les autres, si d'autres qu'elle pouvaient exister : et c'est aussi, ce qu'un grand prophète a exprimé en ces termes : « à la loi et au témoignage » peignant par là d'un trait le droit d'examen. (1)

Cependant, veut-on s'assurer par soi-même de la conformité de ce droit avec la parole écrite? Le droit d'examen est un droit trop raisonnable pour ne pas se soumettre à l'investigation la plus scrupuleuse, ou plutôt il se laisse lui-même examiner.

Et d'abord, on remarquera sans peine que cette question que nous allons agiter, *existe-t-il un droit d'examen*, se trouve essentiellement liée à cette autre que nous examinerons aussi, *L'Ecriture est-elle l'unique guide de notre Foi*. Car s'il demeure vrai qu'on ne puisse être assuré

(1) Esaïe. VIII. 20.

de la vérité d'un dogme que par sa conformité avec l'Ecriture, on ne peut également assigner au chrétien d'autre moyen de se prouver cette vérité à lui-même que par la comparaison qu'il peut faire de ce dogme avec cette Ecriture, et c'est là, ce me semble, le droit d'examen qui n'est, comme on le voit, qu'une conséquence de l'autorité de la parole écrite, et qui ne saurait en être séparé.

Or, s'il est quelque chose d'évident en matière religieuse, c'est que l'unique autorité qui doit guider notre croyance ne peut-être que l'autorité des saints Ecrits; car, indépendamment de cette vérité, qu'il n'existe pas une seule preuve tirée de l'Ecriture qui puisse servir d'appui au système de l'infaillibilité (ce qui serait au moins nécessaire pour la validité de ce système), le moyen de résister à ces sublimes paroles dans lesquelles Isaïe se montre lui-même le défenseur de l'autorité écrite : « à la loi et au témoignage; que » s'il ne parle selon cette parole, certainement » il n'y aura point de lumière pour lui » (1). A cette déclaration, ajoutez cette condamnation terrible (2), où l'Eternel, par la bouche de Moyse, frappe d'un effrayant anathème ceux qui osent se permettre d'ajouter ou de retrancher à sa loi; joignez-y encore cette menace de l'auteur de l'Apocalypse (3), placée avec soin à la fin des livres sacrés, comme pour en garantir l'intégrité et la suffisance, et vous aurez alors la grande raison de ces paroles de saint Paul

(1) Isaïe. VIII. 20.

(2) Vous n'ajouterez rien à sa parole que je vous commande, et vous n'en diminuerez rien, afin de garder les commandemens de l'Eternel, votre Dieu, lesquels je vous commande de garder. Deut. IV. 2.

(3) Apoc. XII. 18.

aux premiers fidèles : « Quand nous vous évan-
» géliserions ou quand un ange du ciel vous
» évangéliserait outre ce que nous vous avons
» évangélisé, qu'il soit anathème » (1). Grand et précieux témoignage contre ce qu'on appelle tradition !

Mais enfin, si l'esprit de controverse, armé de sa rigueur ordinaire, exigeait encore de nous des preuves plus positives et moins contestables, nous invoquerions à son tour le langage de la raison humaine dans une matière destinée à sa défense, et elle ne tarderait point à nous répondre : que l'autorité de l'Ecriture étant sans contredit l'autorité-mère, puisqu'elle est la première établie, on ne saurait dire qu'il doive en exister d'autre qu'autant qu'on prouverait d'avance que la première est insuffisante; proposition dont il est facile d'apercevoir toute la fausseté.

Dieu a donné une révélation à l'homme; on en convient de part et d'autre, et ce n'est pas ce qu'il s'agit d'établir ici. Mais quel but a donc pu avoir la Providence en proposant aux mortels sa parole que l'Ecriture n'atteigne beaucoup mieux que toute autre autorité? a-t-elle voulu éclairer le monde? « La foi est de l'ouïe, et
» l'ouïe est de la parole de Dieu »; (2) le régénérer? « Vous avez été régénérés, non par une
» semence corruptible, mais par une semence
» incorruptible, savoir : par la parole de Dieu,
» vivante et permanente à toujours ». (3) Dieu a-t-il voulu indiquer au pécheur le moyen de la justification. « C'est par lui (Jésus-Christ) dit
» l'Ecriture, que vous est annoncée la rémission

---

(1) Ep. aux Galat. 1. 8.
(2) Rom. x. 17.
(3) 1. Pierre. 1. 23.

» des péchés et de tout ce dont vous n'avez pu » être justifié par la loi de Moyse; quiconque » croit est justifié par lui » (1). Enfin, les saints Écrits après avoir sanctifié l'homme, « sanctifie- » les par ta parole, ta parole est la vérité » (2), peuvent encore l'introduire dans la patrie céleste. « Recevez avec douceur la parole plantée » en vous et qui peut sauver vos ames » (3). Convenons donc que c'était à bien juste titre que Tertulien adorait la plénitude de l'Ecriture (4), et que saint Paul, après en avoir établi la suffisance (5), assurait aux fidèles romains que « tout » ce qui a été écrit l'a été pour notre instruc- » tion, afin que nous concevions une ferme es- » pérance par la patience et la consolation que » les Ecritures nous donnent » (6).

Passons maintenant au droit d'examen qui n'étant, comme nous l'avons déjà dit, qu'une conséquence de l'autorité de la parole écrite, reposerait déjà sur des preuves assez solides pour qu'il nous fut permis de négliger d'en parler davantage, si à la force du témoignage de la raison ne venaient encore se joindre quelques témoignages également irrécusables de l'Ecriture, et qu'on nous saura peut-être gré de rappeler ici.

La nation des incrédules fut, dans tous les temps une nation puissante; Jésus-Christ lui-même eut à la combattre, et les chrétiens la combattront encore long-temps après lui. Les juifs, pour la

---

(1) Act. XIII. 39.

(2) Jean XVII. 17.

(3) Jacq. I. 21.

(4) Adversùs Hermog.

(5) l'Ecriture est utile pour enseigner, pour convaincre, pour corriger et pour instruire selon la justice. 2. Timoth. III. 16.

(6) Rom. XV. 4.

plupart obstinés à vivre au milieu d'une corruption universelle, osèrent, malgré les œuvres miraculeuses du Christ, se ranger parmi les détracteurs de sa doctrine et l'ensevelir dans de profondes ténèbres que la main de Dieu n'a pas encore dissipées; ténèbres d'autant plus déplorables, qu'elles furent plus volontaires dans leur origine, qu'on ne saurait rapporter à une autre cause qu'à un défaut d'examen. « Scrutez les Ecri» tures, leur avait dit le Verbe fait Homme, ce » sont elles qui rendent témoignage de moi » ; (1) paroles remarquables, qui tracent aux incrédules modernes le seul chemin qu'ils aient à suivre pour acquérir la Foi chrétienne, et se ranger sous l'étendard de la vérité.

Mais si c'est par l'examen, considéré dans son acception théologique, qu'on peut selon le Christ, partager les croyances Evangéliques, pourquoi ne serait-ce pas aussi par l'examen qu'on pourrait s'affermir dans cette même Foi? les raisons qui convainquent sont-elles donc si différentes de celles qui affermissent, qu'on doive refuser au fidèle un droit dont l'incrédulité même n'est point dépourvue?

En dernier lieu, et pour terminer la question qui nous occupe, qu'il nous soit permis de demander aux adversaires de notre système, comment il est possible de concevoir que les chrétiens du dix-neuvième siècle soient privés d'un droit dont jouissaient les chrétiens du siècle premier? si le Christianisme a dû éprouver quelque altération en traversant la chaîne des âges qui nous précèdent, et si ces paroles de saint Paul. « Examinez tout, retenez ce qui est bon » (2),

(1) Jean v. 39.

(2) 1. Thessa. v. 20 et 21. Ne méprisez point les prophéties. Eprouvez toutes choses; retenez ce qui est bon.

ne regardent pas les hommes vivant aujourd'hui sur la terre, comme elles regardèrent autrefois les habitans de Thessalonique? depuis quand enfin le discernement des bons et des mauvais esprits a cessé d'être un de nos privilèges (1), et dans quelle révélation moderne, l'Eglise romaine a puisé la certitude de la décadence de la raison individuelle qu'elle semble tant vouloir proclamer?

CHAPITRE VIII.

DEUXIÈME PROPOSITION.

Il n'est pas nécessaire qu'il existe une Eglise infaillible.

Sous le règne du plus abject comme du plus fanatique des princes, et vers ces temps d'horreur et de larmes qui virent tomber soixante mille chrétiens Evangéliques sous le poignard de la persécution, vivait un homme également distingué par ses profondes lumières et par son attachement à la vérité : le célèbre Théodore de Bèze, disciple de l'illustre Calvin. Grand de raison et grand de courage, c'est en vain que brillèrent à ses regards des éclairs sinistres, présage certain et terrible d'un orage déjà près d'éclater; glorieux apôtre de la Réforme, il apprit de l'Evangile à fouler aux pieds toutes les considérations humaines et à envisager d'un œil de

(1) Epit. 1. de S. Jean. IV. 1. Mes bien aimés, ne croyez point à tout esprit, mais éprouvez les esprit pour savoir s'ils sont de Dieu.

mépris et l'ignorant fanatisme de Charles et les menaces d'une reine irritée. C'est ainsi qu'au milieu d'une terreur universelle, seul il lutta contre les attaques d'un cardinal alors tout puissant, et que, bravant tous les périls, sa voix se montra à Poissy le rempart unique de la vraie Foi.

Je me permets aujourd'hui d'emprunter son nom pour défendre cette même vérité qui fut son idole, et de supposer dans sa bouche des paroles qu'il eût approuvées, peut-être, mais sûrement bien inférieures à cette mâle et irrésistible éloquence qu'il sut développer dans les célèbres colloques dont le souvenir a perpétué jusqu'à nos jours la gloire de son nom.

DIALOGUE.

LE CARDINAL DE LORRAINE. — THÉODORE DE BÈZE.

LE CARDINAL.

Quoi donc! homme superbe, vous n'êtes pas encore converti à la Foi catholique; vous n'êtes pas touché de mes raisons!

THÉODORE.

De grâce, Monseigneur, modérez les transports du zèle qui vous anime, et que votre éminence daigne parler avec plus de calme à un misérable qu'on nomme hérétique, il est vrai, mais qui cherche en vain dans sa conscience le tort qu'il a de défendre ce qu'il croit de très-bonne foi.

Nous étions convenus ensemble que vous appuieriez l'infaillibilité de l'Eglise sur des preuves positives; et si vos efforts, pour en trouver dans l'Ecriture, ont été jusques ici infructueux, est-ce donc à moi d'embrasser comme véritable ce que votre éminence est dans l'impuissance d'établir ?

LE CARDINAL.

Et quand il serait vrai que l'Ecriture ne contient pas des preuves positives, ne devriez-vous pas penser que ce silence est lui-même un argument incontestable, puisqu'il est très-naturel de penser que l'Eternel ne dit rien d'inutile, et que ce serait parler bien inutilement que de discuter sur un dogme dont la nécessité se manifeste au premier aspect ?

THÉODORE.

Si cette nécessité est pour vous évidente, j'avoue que mon esprit est loin de votre perspicacité.

LE CARDINAL.

Mais ne savez vous pas que votre Écriture est obscure, et que si elle n'est interprétée par une autorité infaillible, elle ressemble à un esquif qu'on tourne à tous les vents.

THÉODORE.

Obscure ! Monseigneur, permettez-moi de vous demander ce que votre éminence a voulu par-là nous faire entendre ? Car si, par exemple, elle prétendait dire seulement que l'Ecriture contient certains dogmes au-dessus de l'intelligence humaine, nous lui répondrions que pourvu que la révélation de ces dogmes soit elle-même bien comprise, la raison humaine est alors satisfaite, le fini ne pouvant embrasser l'infini ; mais si, au contraire, il s'agissait de confondre les saints Ecrits avec un ramas d'hiéroglyphes que l'œil de l'esprit ne saurait débrouiller, nous dirions à notre tour : que cette assertion est un blasphème, parce que non-seulement elle refuse à l'Eternel le don de se faire entrendre, don auquel votre éminence croit sans doute participer, mais encore parce qu'elle contredit divers témoignages de la vérité même, assez connus pour me dispenser de les rapporter ici (1).

D'ailleurs, je supplie votre éminence de vouloir bien faire avec moi une remarque assez importante, ce me semble; c'est qu'il n'est nullement nécessaire que tout ce qui est révélé dans l'Ecriture soit également compris de tout le monde; mais qu'il suffit que chacun de nous puisse y trouver ce qui peut intéresser son état et ses lumières, car autre est la théologie du simple, autre est la théologie du savant.

LE CARDINAL.

Et ne voyez vous pas, grand amateur d'Ecriture, que votre opinion est ici en contradiction avec l'autorité dont vous avez pris la défense, puisque dans tous les temps cette autorité a été tenue pour inintelligible, témoin ce qui est rapporté d'Esdras au livre de Néhémie; la réponse du seigneur Ethiopien à Philippe, et ce fameux témoignage de saint Pierre qui qualifie d'obscures les épîtres de saint Paul.

THÉODORE.

Votre éminence a lu sans doute les textes qu'elle cite, et dans ce cas elle n'ignore pas que l'interprétation d'Esdras et des Lévites n'était

(1) Ta parole est une lampe à mon pied, et une lumière à mon sentier. Ps. CXIX. 105; or, selon saint Augustin, ce que le prophète dit ici doit s'entendre de la parole contenue dans toutes les saintes Ecritures. *Aug. in psalm.* CXIX. Le témoignage de l'Eternel est assuré, donnant sagesse au simple. Ps. XIX. 8. Nous avons aussi la parole des prophètes plus ferme, à laquelle vous faites bien d'être attentifs, comme à une chandelle qui a éclairé dans un lieu obscur. 2. Pierre I. 19. Jésus-Christ a mis en lumière la vie et l'immortalité par l'Evangile 2. Tim. I. 10.

qu'une explication de l'Ecriture par l'Ecriture (1), que le seigneur Ethiopien lisait une prophétie d'Esaïe dont il ignorait l'accomplissement, et qu'enfin ce ne sont pas les épîtres de saint Paul que saint Pierre accuse d'obscurité, mais bien les dogmes qu'elles contiennent tels que la dernière venue de Jésus-Christ, l'embrâsement de l'univers, etc. (2).

Or, pour revenir à l'interprétation d'Esdras, permettez-moi, Monseigneur, de vous dire que le passage en question, du livre de Néhémie, est la plus grande preuve de la clarté des Ecritures que vous combattez ici; car, quoi de plus clair et de plus parfait qu'un code qui s'explique lui-même; vérité que vous craindrez sans doute de nier après l'aveu d'un grand nombre de vos docteurs (3).

---

(1) Et ils lisaient au livre de la loi de Dieu; et ils l'expliquaient et en donnaient l'intelligence, la faisant comprendre par l'Ecriture même. Néhémie VIII. 8.

(2) Ainsi que dans toutes ses lettres, il parle de ces points dans lesquels il y a des choses difficiles à entendre, que les ignorans et les mal assurés tordent, comme ils tordent aussi les autres Ecritures, à leur propre perdition. 2. Pierre III. 16.

(3) Il y a beaucoup d'obscurités dans les Ecritures, mais si de la main de ton esprit tu frappes à leur porte, tu commenceras à recueillir la raison de ce qui y est dit, et il ne te sera ouvert par aucun autre que par cette parole même. Saint Ambroise, sur le psaume CXIX, serm. 8. Pour expliquer les manières de parler obscures, prenons exemple de celles qui sont claires. St. Aug., de la doct. chrét., liv. II, chap. 28. Les choses qui semblent dites obscurément en un lieu sont très-claires en un autre. S. Bazile, *in Asiaticis*, 267. Les démonstrations qui sont dans les Ecritures, ne se peuvent montrer que par les Ecritures. L'exposition qui est selon les Ecritures, est légitime et sans danger. Irénée, contre les hérétiques, liv. II, chap. 46 et 66. Les Paroles évangéliques portent leur interprétation avec elles; entendons les passages obs-

LE CARDINAL.

Mais quand il serait vrai que les saints Écrits fussent aussi lumineux que vous osez le prétendre, en conclurez-vous qu'un simple, un misérable fidèle puisse fixer sur eux la règle de sa foi ?

THÉODORE.

Et pourquoi non, si d'ailleurs il n'a besoin, pour y lire ce qu'il lui importe de connaître, que de cette lumière naturelle que Dieu a départie à tous les humains ! Long-temps avant nous, Monseigneur, on allégua ces misérables prétextes, et dès long-temps aussi les Augustins et les Chrysostômes surent y répondre avantageusement (1).

Au reste il ne s'agit pas de savoir, ici, ce que deviendront les pauvres fidèles avec l'Ecriture, mais bien d'établir que le barbare langage de vos Théologiens et de vos Conciles renferme plus de clarté que les écrits des Prophètes et des Apôtres, et qu'il est plus facile de s'assurer de la véracité d'un pasteur qui fonde son enseignement sur des autorités éphémères, que de

---

curs par les clairs ; ce qui est obscurément dans un endroit est clairement exprimé dans un autre. St. Aug., *de Verb. Divin.* Irénée 2 et 11.

(1) L'Ecriture, dit Saint Augustin, est comme un ami qui parle sans fard et sans artifice au cœur des savans et des ignorans, et si elle cache quelque vérité par des expressions mystérieuses, elle ne le fait pas avec un langage superbe qui puisse rebuter les petits esprits et leur ôter la hardiesse d'en approcher, comme les pauvres craignent d'approcher des riches ; mais elle invite tout le monde, par un discours simple, à venir s'y nourrir des vérités manifestes. Ep. *ad Volus.*

Les livres des apôtres et des prophètes, et toute cette doctrine divinement inspirée, doivent être pour chaque fidèle ce que sont pour un artisan les instrumens de son art. Chrys. 3.e, hom. sur Lazare.

celle d'un Ministre qui ne parle que d'après les livres saints.

LE CARDINAL.

Oh! pitoyable argumentateur! dites-moi donc, si vous le pouvez, comment vous distinguerez les écrits véritablement inspirés des écrits apocryphes, si vous n'avez une autorité infaillible qui établisse cette distinction.

THÉODORE.

Par le plus simple de tous les moyens possibles, et sûrement indépendamment de toute autorité :

Si un livre est authentique, l'auteur qui l'a écrit est contemporain des faits qu'il rapporte ;

Si l'auteur est contemporain des faits qu'il rapporte, ces faits sont nécessairement vrais ;

Si les faits sont vrais, l'auteur est un envoyé de Dieu, puisque sa mission se trouve liée à ces faits mêmes ;

Et si l'auteur est un envoyé de Dieu, la religion qu'il annonce est divine.

Voilà tout autant de raisonnemens, étroitement liés les uns aux autres, et que la raison ne saurait rejeter.

Actuellement, voyons si cette raison se contentera, de même, des principes de votre éminence.

L'Eglise est infaillible, je le prouve par l'autorité des saints Ecrits ;

Ces écrits sont inspirés, je le prouve par l'autorité de l'Eglise. N'est-ce pas là raisonner savamment ?

LE CARDINAL.

Mais où sera donc l'unité de croyance si chacun interprète l'Ecriture à sa manière.

THÉODORE.

Avec une autorité qui s'interprète elle-même,

le Chrétien examine et n'interprète pas (1).

LE CARDINAL.

Belle religion, et d'une invention toute nouvelle, que celle où il n'y aura pas même de notoriété de Foi !

THÉODORE.

Lequel des deux est le plus notoire, ou de dire : je crois ce que renferme l'Ecriture sainte, ou bien, je crois ce que contiennent des décisions absurdes et contradictoires ?

LE CARDINAL.

Allez, suppôt de Satan, votre esprit fermé à la lumière gémira encore long-temps sous le poids de l'erreur qui l'aveugle, s'il n'est enfin éclairé par les convainquans flambeaux de l'inquisition (2).

THÉODORE.

Hé ! Monseigneur, sont-ce des raisons que les tortures ?

---

(1) L'Eglise Catholique fait consister son excellence dans l'uniformité qu'elle maintient dans l'enseignement de ses dogmes. Son expérience même, pendant dix-huit siècles, aurait dû toutefois convaincre les hommes de l'impossibilité de les faire penser et croire de même sur un sujet si fort au-dessus de leur pensée ; elle n'a maintenu l'uniformité de ses doctrines qu'en rejetant de son sein, quand elle était faible ou indulgente, tous ceux qui s'écartaient du canon de la Foi, et en les faisant périr dans les supplices quand elle était forte et cruelle. C'est du milieu de l'Eglise catholique que sont nées toutes les hérésies, et on les compte par milliers ; elle n'a donc point préservé ses enfans de ces variations dans la Foi, qu'elle reproche aux autres Eglises ; elle les a seulement reniés à mesure qu'ils faisaient usage de leurs facultés pour examiner ses dogmes. Revue encyclopédique, 87.me livraison. Mars 1826, pag. 624, tom. 1.

(2) On sait que le Cardinal de Lorraine sollicita Charles IX d'établir l'inquisition en France.

CHAPITRE IX.

De quelques difficultés relatives au système de l'infaillibilité.

Il est deux genres de faux systèmes qui, quoique d'une opposition également évidente avec la vérité, ne laissent pas cependant d'être plus ou moins déplorables, plus ou moins absurdes, selon l'espèce d'erreur qui les produisit et les conséquences qui en découlent. Qu'un savant, profitant de l'autorité que lui accorde sur ses contemporains la supériorité de ses lumières, s'efforce d'accréditer dans le monde des opinions bâties sur le fondement fragile de son imagination, et qui, pour être erronées, ne touchent en rien au bonheur des mortels; le sage verra bien là, sans doute, un orgueilleux sacrifice de la raison à l'amour de la gloire, sans pouvoir y trouver cependant un sujet de gémir. Mais que des hommes superbes, abusant de l'ascendant que leur donne leur position religieuse, osent se servir du nom de Dieu pour accabler de leur joug l'esprit humain, en s'efforçant de se constituer ici-bas le centre de la raison universelle, c'est ce qui répugne assez, je ne dirai pas aux lumières philosophiques, mais même au sens commun, pour ne pouvoir être rangé sous une dénomination plus impartiale, que sous celle de la plus abjecte des folies. Insensés, qui ne voient pas que leur absurde système sera bientôt en butte avec l'absurdité de ses propres conséquences, et s'écroulera sous les actes contradictoires de ses tyranniques défenseurs !

On

On sait déjà ce que c'est que l'Eglise catholique ; on sait aussi que ce titre ne convient nullement à l'Eglise romaine, puisqu'il est de l'essence de l'Eglise catholique d'être encore invisible, et l'on n'ignore pas non plus que ni l'une ni l'autre ne possédent l'infaillibilité que nos adversaires revendiquent en leur faveur. Mais enfin, avouons, comme on le veut, notre cause insoutenable ; accordons à l'Eglise romaine qu'elle est l'Eglise catholique, qu'elle possède, de plus, cette autorité souveraine qu'elle regarde comme un de ses droits, et demandons-lui en même-temps dans quelle portion de ses membres elle place ce tribunal qui juge en dernier ressort et la raison et la conscience, et règne avec empire sur l'univers subjugué. Ce sera où dans cette Eglise même, c'est-à-dire dans la réunion de ceux qui la composent, ou dans son chef visible, communément appelé le Pape, ou bien dans le corps des Pasteurs que nous désignerons sous le nom de Concile. Examinons séparément ces trois suppositions avec toute l'impartialité que mérite la matière qui nous occupe, et cherchons à découvrir si quelqu'une d'elles peut offrir au Chrétien cette garantie supérieure à tous les événemens de ce bas monde, qu'on ne saurait contester à nos saints Ecrits.

Et d'abord, quant à la première supposition, elle est si évidemment absurde, qu'il suffit pour s'en convaincre de se demander à soi-même : quand, comment, et dans quel lieu on conçoit la possibilité de réunir, je ne dis pas seulement la génération présente, mais encore les générations passées et à venir qui concourent, comme la première, à former le corps de l'Eglise dont elles sont des membres essentiels.

Oh ! sans doute, s'écriera ici le théologien

comte de Maistre, l'infaillibilité n'a jamais appartenu aux fidèles Catholiques; mais pour le Pape, pouvez-vous le contester? — Et que sont donc tous vos raisonnemens, ô vénérable apôtre du Jésuitisme, auprès du témoignage de l'histoire, et comment concilierez-vous son langage avec *ce blanc de l'évidence* que vous prétendez résulter *du foyer de vos assertions* (1). Ah! sachez qu'un système ne contredit jamais en vain ses pages inaltérables, et que si les siècles passés se réunissent pour attester les erreurs de vos Pontifes, le vôtre est bien près de sa chûte et ne saurait persuader que des insensés.

Or, que les Papes aient erré, c'est ce que tout homme instruit ne révoquera pas en doute, et ce qu'il n'appartenait qu'au comte de Maistre d'oser contester de nos jours. En 358, le pape Libère approuva dans le concile d'Ancyre un écrit qui détruisait la consubstantiabilité des personnes divines, et cette conduite n'était qu'une conséquence de l'approbation qu'il avait déja donnée à la formule de Sirmium. Dans le dix-septième siècle, Honorius embrassa le monothélisme, écrivit à l'hérétique Sergius pour l'en instruire, et fut, lui-même, condamné comme tel dans le sixième Concile général. Enfin, la Foi chrétienne, de l'aveu des docteurs de l'Eglise romaine, fut abandonnée par cinquante Papes venus de suite, qu'ils ont appelés apostatiques, et que leurs actes rendent dignes de ce nom (2); ce sont là des faits certains, des faits qui parlent plus haut que le livre de M. de

(1) Ce sont là des expressions bien boursoufflées, je l'avoue; mais elles appartiennent à M. le comte de Maistre. voy. le liv. du Pape.

(2) Abrégé de l'Histoire Ecclés., par J. Alph. Turretin, t. 1, p. 81. 91. 149. 150.

Maistre, et qui étalent aux yeux de l'univers et la fragilité de son système et le peu de cas qu'on doit faire d'une autorité sans fondement.

Reste enfin le cas où l'infaillibilité résiderait dans l'assemblée des Pasteurs appelée Concile; supposition aussi illusoire que les deux autres, puisqu'elle est réprouvée par le témoignage de l'histoire qui atteste que les conciles ont erré. N'est-ce pas en effet dans le concile de Rimini, composé de 400 Evêques, que fut détruite la nature divine du Sauveur des hommes comme sa nature humaine fut également anéantie dans le second concile œcuménique d'Ephèse, qui embrassa les erreurs d'Eutichès? N'est-ce pas au second concile général de Nicée que l'on doit le décret de l'adoration des images, décret contradictoire avec ceux de deux conciles antérieurs tenus à Constantinople, et plus récemment avec le concile de Francfort, qui eut lieu en 774, sous le régne de Charles-le-Grand? Enfin, les conciles de Constance et de Bâle ne statuèrent-ils pas la supériorité du Concile sur le Pape, supériorité reconnue par le concile de Latran et par tous nos modernes ultramontains? Or, dans un tel conflit de décisions, à qui croirai-je, à qui m'en rapporterai-je? Pauvres Catholiques où en êtes-vous?

Mais veut-on définitivement connaître ce que c'est que les Conciles et tout le mépris que ces sortes d'assemblées méritent, il suffit de consulter l'histoire du second concile de Lyon. Le croirez-vous, Chrétiens évangéliques? ce fut dans une réunion de tous les Evêques du monde, qu'un infortuné Souverain, victime d'un fanatisme et d'une ignorance également barbares, se vit honteusement privé de sa couronne et réduit au rang du dernier de ses sujets. Dira-t-on que la déposition de Frédéric fut un acte du pape Innocent IV, nullement attribuable au concile de Lyon ?

Mais qu'est-ce donc qu'une assemblée qui, loin de s'élever pour punir un tel scandale, semble au contraire le légitimer par son silence, si même elle ne lui donna pas une authentique approbation (1).

D'ailleurs expliquons l'autorité par l'autorité et rapportons nous-en, pour les actes de ce Concile, au pape Sixte-Quint; c'est de lui que nous apprendrons que ce n'est pas par l'autorité d'Innocent IV que Frédéric perdit la couronne, mais par l'autorité de ceux-là mêmes, que l'Eternel constitua Ministres de paix dans son Eglise, et qui trop souvent, hélas! ne furent que des Ministres de sang (2). C'est ainsi que, tandis que l'Eglise romaine exige de ses sujets la soumission la plus parfaite à son infaillibilité chimérique, elle ne craint pas d'allumer dans les états circonvoisins un funeste esprit de révolte, et d'émeuter dans son orgueil des peuples fanatiques contre des Princes faibles et humiliés!

---

(1) C'est ce dont on peut raisonnablement douter après avoir lu l'inscription de la Bulle; elle est ainsi conçue : » *sententià contrà Fredericum Imperatorem ab Innocentiò Papá quarto lata, sacro approbante concilio*, ou, *præsente concilio;* » ce qui dans le fait est la même chose, car approuver est consentir; et être présent et se taire, c'est approuver.

(2) On lit dans la bibliothèque du Vatican cette inscription du pape Sixte V, pour le deuxième concile de Lyon : « Sous le pontificat d'Innocent IV, l'Empereur Frédéric II est déclaré ennemi de l'Eglise et privé du siége impérial. On délibère sur le recouvrement de la terre sainte; Le Roi de France, saint Louis, est déclaré chef de cette expédition. » (Grégoire leti. hist. de Sixte V.)

Enfin, ce qui répond en un mot à toutes les raisons qu'on pourrait alléguer en faveur du système qui fait de l'autorité des Conciles le fondement de la Foi chrétienne, c'est non-seulement la nouveauté de ce dogme, mais encore l'impossibilité où se trouvent les partisans de ce système de pouvoir s'accorder entre-eux.

J'appelle un dogme nouveau, toute opinion religieuse dont l'établissement, loin d'appartenir aux temps apostoliques, ne doit, au contraire, son origine qu'à l'affaiblissement de la Foi primitive, et dont les commencemens bien connus ne datent que d'une époque postérieure à Jésus-Christ et à ses envoyés.

Or, telle est, de l'aveu de tout le monde, l'institution des Conciles œcuméniques dont le premier n'eut lieu qu'en 325; je dis des Conciles œcuméniques, afin de distinguer les assemblées générales de quelques assemblées particulières tenues avant le troisième siècle, mais dont l'existence ne saurait rien prouver en faveur de nos adversaires qui n'attribuent aucune autorité à ces sortes d'assemblées, et c'est ici que je prie le lecteur de vouloir bien remarquer que le système que nous combattons est d'autant plus chimérique, qu'on est obligé, pour le défendre, de supposer que la Foi chrétienne n'a eu pendant trois siècles aucune espèce de fondement. Sur quoi, en effet, aurait-elle pu être appuyée à une époque où l'on ne connaissait même pas le nom de Concile œcuménique? Etait-ce sur l'enseignement des Pasteurs? Mais l'enseignement particulier des Pasteurs sur quoi reposait-il lui-même? ce n'était pas sans doute sur les Conciles œcuméniques, puisqu'il n'en existait pas; ce n'était pas non plus sur la Parole Divine, car, dans ce cas, c'est nous rendre les armes et nous avouer victorieux. Encore une fois, comment croyait-on avant le troisième siècle ?

J'ai dit aussi que les partisans de l'infaillibilité des Conciles ne peuvent pas s'accorder entre eux, et je n'ai pas besoin, pour prouver cette assertion, d'un grand effort de logique, mais seulement de consulter les faits. Les décrets contradictoires des conciles de Nicée et de Francfort, de Constance et de Latran, ainsi que l'opposition que plusieurs Eglises d'occident et notamment l'Eglise gallicane manifestèrent contre quelques statuts du cinquième Concile général, prouvent assez la vérité de ce que j'avance, pour qu'il ne soit pas besoin de m'appesantir plus long-temps sur ce sujet.

Or, si ce n'est, ni dans les Fidèles, ni dans le Pape, ni dans les Consiles que réside l'infaillibilité de l'Eglise, qu'on nous dise donc de grâce où il sera possible de la placer ; et si l'Eglise romaine se trouve dans l'impossibilité de nous le faire connaître, qu'elle nous permette au moins de tirer cette juste conséquence de son système. « Quelque chose est infaillible : » *est infaillible.* »

Mais enfin, puisqu'on le veut, avouons qu'il existe une autorité différente de l'Ecriture, et que de plus cette autorité est bien connue ; je dis que tous les argumens qu'on a employés contre l'autorité des saints Ecrits, peuvent être rétorqués avec encore plus d'avantage contre cette autorité elle-même que nous supposerons être le Pape avec nos modernes ultramontains; mais que nous pourrions également placer dans les Conciles, sans diminuer en rien la difficulté.

Et d'abord, quel sera le mode d'enseignement adopté par le Pontife pour transmettre au monde ses enseignemens infaillibles? Il faut que ce soit ou par écrit ou de vive-voix. Si c'est par écrit, cet écrit sera-t-il donc plus clair que l'Ecriture pour pouvoir être compris sans interprétateur (1)? Et s'il faut un interprétateur infaillible pour expliquer l'enseignement du Pape, en quoi donc ce système offre-t-il quelqu'avantage sur celui des Chrétiens Réformés? Que si c'est de vive-voix, les difficultés se présentent encore en plus grand nombre; car comme la certitude de l'enseignement diminue en proportion des agens intermédiaires employés pour le transmettre, il suit que chaque fidèle sera d'autant plus obligé d'aller recevoir cet enseignement de la bouche même du Pape, que la distance qui l'en séparera sera plus grande; et voilà dès lors les habitans du globe transformés en troupes de pélerins.

Telles sont les conséquences naturelles d'un système que le seul esprit de domination put faire naître et l'indifférence seule put embrasser. Quelques hommes ambitieux ont voulu exercer sur leurs semblables un despotique empire, et la raison a été sacrifiée à la vanité. Insensés, qui n'ont point vu qu'il faut à l'homme une autorité toujours parlante pour le diriger à travers les événemens sans nombre qui naissent chaque jour sous ses pas; et que concentrer cette autorité dans des êtres sujets à toutes les infirmités et à toutes les misères humaines, c'était la faire dépendre elle-même de ces infirmités et de ces misères, et exposer le Chrétien à en être le plus souvent privé. On nous parle de Papes et de Conciles! Mais puis-je donc consulter journellement et les Papes et les Conciles. Et mon cœur, accablé sous le poids de l'anxiété ou de l'incertitude de quelque vérité céleste,

---

(1) J'en appelle à la bulle *Unigenitus*.

sera-t-il donc réduit à gémir sans appui dans l'attente d'un secours qu'il osera à peine espérer? Ah! s'il en était malheureusement ainsi, c'est alors qu'il faudrait accuser la trop barbare insouciance de l'Etre Créateur qui, en donnant à l'homme cette soif de percer dans ses attributs sublimes, eût relégué si loin de lui l'unique source où cette soif puisse s'étancher! Mais ne serait-ce pas là calomnier la Providence, et l'injustice de nos murmures ne serait-elle pas démontrée par l'existence de la Parole révélée? C'est par elle que la Divinité, daignant pour ainsi dire s'humaniser avec les créatures, demeure toujours présente parmi elles, comme un bon père au milieu de ses enfans, pour les aider de ses conseils, les consoler dans leurs afflictions, et les presser encore sur son sein lorsque, après leurs égaremens, ils veulent bien se confier à sa tendresse.

CHAPITRE X.

Résumé de quelques chapitres précédens.

Une Eglise particulière, jouissant d'une antiquité apostolique, mais dominée d'une ambition effrenée, a dit : je suis infaillible. Lecteur, on vient de mettre sous vos yeux les raisons qu'elle regarde comme des preuves invincibles de la vérité de ce dogme; or, je vous le demande, qui avez-vous vu? un orgueil et une mauvaise foi également sans exemple, des mensonges et des sophismes; tels sont les grands argumens de ses droits. *Un orgueil et une mauvaise foi sans exemple;* jusqu'au troisième siècle les Eglises particulières, gouvernées par l'autorité de la Parole divine, avaient joui d'un bonheur constant, fondé sur leur indépendance réciproque, et voilà que l'une d'elles, lasse d'une félicité qu'elle jugeait sans gloire par cela seul qu'elle ne dominait pas, s'est écriée : je suis votre reine et votre maîtresse; c'est à vous et à la Parole de Dieu à se taire, et c'est à moi à commander, à moi qui suis l'Eglise catholique, à moi dont vous n'êtes toutes que des membres sur lesquels je prétends désormais régner en souveraine, comme un monarque despote sur des sujets humiliés. — Etonnés par des assertions aussi nouvelles et aussi ridicules, les Chrétiens consultent avec confiance cette même Ecriture blasphémée par l'Eglise romaine; ils lui opposent avec confiance ces paroles respectées jusqu'alors, qui établissent l'égalité et l'indépendance mutuelle des sociétés de Jesus-Christ; ils soutiennent qu'un dogme que les Apôtres n'ont point enseigné, et qui est en contradiction avec les notions les plus communes sur l'Eglise catholique, ne saurait être embrassé sans crime; et qu'enfin, lorsqu'on prétend à un empire aussi étrange, on doit au moins donner quelques raisons. — Des raisons! l'Eglise romaine les trouvera dans des mensonges et des sophismes, c'est-à-dire qu'après avoir détourné en sa faveur quelques passages de la parole de Dieu de leur signification naturelle, elle décidera elle-même qu'elle est infaillible, et proclamera ensuite son triomphe, comme une conséquence de cette décision. — Mais, enfin, le sens de ces textes est connu de tout le monde et ce n'est pas par des décisions sophistiques que l'on peut convaincre des hommes sages et pensans. — L'Ecriture s'oppose à l'ambition de l'Eglise romaine; hé bien ! il est encore une ressource, c'est de se constituer juge souverain de cette Ecriture, parfois trop gênante, et de calomnier la Divinité même en l'accusant d'obscurité. Ne sait-on pas, d'ailleurs, que les saints Ecrits ne sont qu'un fléau entre les mains des fidèles, et que leur laisser la liberté de se rendre compte à eux-mêmes de leurs opinions, c'est porter une atteinte mortelle à l'unité de Foi si nécessaire dans toute religion ? — Vous les avez entendus, Chrétiens, ces blasphèmes également impies et absurdes, et vos cœurs effrayés n'ont pu s'empêcher de gémir; oui, vous avez gémi de voir Dieu lui-même réputé pour le corrupteur de son peuple, accusé d'avoir, par des paroles insidieuses, tendu un piége à leur bonne foi; les plus beaux siècles du Christianisme abandonnés à la merci des passions et des caprices des hommes, sans préceptes de mœurs et sans croyance, par cela seul qu'ils n'avaient pas des Conciles pour les diriger ! comme si l'Eglise romaine avait trouvé le secret de parler aux mortels un langage plus clair que l'Eternel lui-même, et comme si l'impuissance, où elle se trouve depuis tant de siècles, de les faire penser de la même manière, impuissance qu'augmente encore chaque jour l'histoire mieux connue de ses décisions contradictoires, ainsi que l'impossibilité manifeste de placer dans aucune portion de ses membres cette autorité chimérique qu'elle prétend posséder, n'auraient pas dû la désabuser dès long-temps de la vanité de ses ridicules prétentions ! Mais, hélas ! à quoi bon opposer des raisons à l'orgueil aveugle qui s'obstine à les méconnaître, et qui, pour toute réponse, anathématise et s'écrie : *crois ainsi, je le veux.*

Beaucoup de personnes s'étonneront, sans doute, que dans une matière destinée à fixer le principe qui doit servir de base à la foi chrétienne, nous ayons négligé de consacrer au moins quelques lignes à parler des traditions religieuses regardées par l'Eglise romaine comme une espèce d'autorité. Mais à cela nous répondrons qu'ayant souvent eu lieu de citer, dans le cours de la discussion, quelques passages clairs et positifs de l'Ecriture, qui défendent de rien ajouter à la Parole divine (1), nous aurions craint de lasser le lecteur en combattant un oracle que l'Eglise romaine peut invoquer ou forcer au silence selon ses caprices, et réputé d'ailleurs par tous les hommes sensés pour un ajoutage à la vraie doctrine, propre à fournir au besoin des preuves à toute sorte d'opinions. Quant à moi, je l'avoue, qui n'ai jamais bien conçu quel but aurait pu avoir la Providence en transmettant de siècle en siècle, par la bouche d'hommes éminemment faillibles, des dogmes nécessaires au bonheur des humains, je me contenterai de demander ici : qu'on me donne un moyen plausible de distinguer, au dix-neuvième siècle, les traditions assurées des traditions incertaines qui abondaient déjà à la mort des Apôtres (2), et

(1) Voyez les chap. II et VII.

(2) « Peu de temps après la mort des Apôtres, il s'élève » une malheureuse discussion sur un point de peu d'im- » portance, auquel on en attachait beaucoup ; il s'agissait » de l'époque où l'on devait célébrer la pâque. On in- » terroge la tradition. Polycarpe, évêque de Smyrne, qui » avait été instruit par les Apôtres, soutenait avec les » Eglises d'Asie qu'il fallait célébrer la fête au quator- » zième jour de la lune. Anicet, évêque de Rome et » toutes les Eglises d'occident, croyaient suivre la cou- » tume des Apôtres en la renvoyant au 1.er dimanche » après ce quatorzième jour. De part et d'autre on s'ap-

qu'on m'indique de plus la supériorité de ces traditions sur les traditions juives, si souvent rejetées de Jesus-Christ (1).

Je dirai donc à l'Eglise romaine : cessez de prétendre à un droit qui, loin d'être utile au Christianisme, ne peut, au contraire, que le dégrader ; cessez de vous arroger une autorité qui ne saurait vous appartenir. Et que gagnerez-vous à vouloir soumettre Dieu lui-même à votre infaillibilité chimérique, sinon l'affaiblissement de la foi chrétienne, et un éloignement invincible de cette même raison que vous aurez voulu humilier? Sans doute, en persistant dans vos prétentions aussi fausses que ridicules, vous régnerez tyranniquement sur quelques esprits faibles et faciles à séduire ; mais la majeure partie des hommes, convaincue de l'absurdité de vos sophismes, rebutée par l'erreur où vous l'aurez retenue quelque temps, ou abandonnera la Religion Chrétienne, ou n'aura pour vous qu'un profond mépris. Consultez-bien l'expérience, peut-être vous convaincra-t-elle que les dissensions qui ont déchiré jusqu'à nos jours le Christianisme, n'ont d'autre cause que le dégoût de l'esclavage sous lequel vous avez voulu tenir captif tout l'esprit humain. Ah! ne croyez pas être, seuls, plus sages que le reste de l'univers, et ne vous imaginez pas être la mesure de toute raison, car vous êtes des hommes, et rien de plus.

» puyait de la tradition, et la dispute dura près de deux » siècles. » (*Réponse à la seconde lettre de M. l'Evêque de Bayonne aux Protestans d'Orthez.*)

(1) Pourquoi transgressez-vous le commandement de Dieu par votre tradition. Math. xv. 3. Vous avez anéanti le commandement de Dieu par votre tradition. *Ibid.* 6.

CHAPITRE XI.

Des Pasteurs.

Après avoir fixé, dans les chapitres précédens, le principe qui doit servir de base aux croyances chrétiennes, il paraîtra peut-être hors de propos de combattre, dans les chapitres suivans, quelques dogmes particuliers aux Catholiques romains. L'Ecriture, avons-nous dit, est claire et précise; ce que nous y lisons peut donc y être lu par tout le monde également. — Ce n'est pas après avoir parlé en faveur du droit d'examen avec une conviction aussi profonde, que nous contesterons cette réflexion qui se présente si naturellement à l'esprit; toutefois, et sans gêne pour les opinions individuelles, ne nous est-il pas permis de mettre au jour notre manière de penser? Parmi nous, chacun publie son sentiment avec une liberté entière; au public appartient le pouvoir d'examiner.

On ne doit obéir qu'aux autorités légitimes; cela est vrai dans la religion comme dans la politique; mais, enfin, que doit-on entendre, dans la question, par légitimité? c'est ce que je crois pouvoir définir : remarquons, comme une conséquence de ce qui a été dit jusqu'à présent, qu'il y a deux sortes d'autorités en matière religieuse, savoir : une autorité enseignante et une autorité destinée à proposer les enseignemens aux fidèles, mais subordonnée elle-même à la première, seule règle de notre foi. La première de ces autorités est l'Ecriture; la seconde est l'autorité des Pasteurs, qui n'est, à proprement parler, qu'une autorité subalterne à qui le terme de Ministère conviendrait beaucoup mieux.

Qu'est-ce donc qu'un Pasteur légitime? c'est celui qui, ordonné selon les constitutions Apostoliques, et subordonné au but de son institution, prêche l'Evangile dans toute sa pureté et son intégrité première, et ne propose jamais ses propres paroles comme des oracles de la Divinité (1).

Je dis, ordonné selon les Constitutions Apostoliques; le Christianisme de nos jours ne doit différer en rien de celui des premiers temps. Je dis encore, subordonné au but de son institution, qui consiste à prêcher l'Evangile dans sa pureté primitive; celui qui se permet d'y ajouter ou d'en retrancher quelque chose, cesse d'être un Ministre de l'Ecriture, et n'est plus qu'un loup dans la bergerie. Ceci posé, il est facile de voir qui des Pasteurs réformés ou des Pasteurs romains, possèdent la véritable légitimité.

Et d'abord, s'il y eut jamais quelque chose d'évident, c'est que l'Eglise romaine a blessé les constitutions Apostoliques, non-seulement dans la manière de conférer le Ministère sacré, mais encore dans ce qu'elle nomme la hiérarchie. S. Paul écrivant à Timothée, lui recommande de ne point négliger le don qui lui a été conféré par l'imposition des mains de la compagnie des anciens (2). Or, ces anciens étaient les Ministres de la Parole, selon que le même Apôtre nous

(1) Chaque Pasteur doit dire, avec l'Apôtre des Gentils: « Il faut que je prêche l'Evangile, la nécessité m'en est » imposée; et malheur à moi si je ne prêche pas l'Evan- » gile! »

(2) 2 Timoth. IV. 14.

l'apprend dans son épître à Tite (1). Voilà donc en quoi consistait le mode d'ordination des premiers Pasteurs, mode très-conforme à celui dont usa J.-C. à l'égard de ses Apôtres, lorsqu'il leur conféra la Mission Divine qu'il avait reçue de son Père Céleste. Comment se fait-il, cependant, que l'Eglise romaine s'écarte si fort de cette institution primitive, dans ce qu'elle appelle le Sacrement de l'Ordre? Et que signifie, je le demande, dans une chose de cette nature, l'emploi de l'huile, l'onction du pouce, le don d'un calice, d'une patène, et mille autres niaiseries que les Apôtres ne connurent jamais.

C'est au peuple qu'appartient l'élection des Ministres; on ne saurait le nier après avoir lu, dans les Actes Apostoliques, l'histoire de la promotion au Ministère du juste Mathias que les disciples, au nombre de cent vingt, choisirent pour succéder à l'Apôtre prévaricateur (2). C'était même, dans les premiers siècles du Christianisme, une condition nécessaire que le peuple eût donné son suffrage à l'ordination d'un Pasteur; et Saint Cyprien (3), et Saint Grégoire de Nazianze, reconnaissent d'une manière expresse qu'une ordination n'est légitime qu'autant que cette condition a été remplie (4). Or, nul Pasteur romain, que je sache, ne consulte, dans l'acceptation de sa charge, la volonté de son troupeau. Un Prêtre arrive dans une paroisse, avec un brevet de son Evêque qui l'institue dans son emploi; et bien heureuses les brebis qui, avant sa retraite, n'ont pas eu à ressentir le ciseau du Berger!

(1) Tite, chap. 1, ℣. 6 et 7.
(2) Actes, chap. 1, ℣. 16, 26.
(3) St. Cyprien, 67.e et 68.e épît.
(4) St. Grégoire, orat. 21.

Maintenant, voulez-vous connaître toute la conformité qui existe entre l'ordination des Ministres Evangéliques et les constitutions des Apôtres, écoutez comment se fait parmi nous cette ordination. Le futur Pasteur, déjà éprouvé dans une de nos facultés, tant sous le rapport de la moralité que sous celui de la doctrine, à genoux devant les saints Livres, jure de garder et de prêcher les enseignemens des Prophètes et des Apôtres, sans augmentation comme sans restriction; et c'est à la suite de ce serment fait à la face de Dieu et de l'Eglise, que les anciens Pasteurs, après lui avoir imposé les mains au nom de la Trinité-Sainte, le proclament Ministre de l'Eternel et de sa parole, qu'il va bientôt répandre dans les sociétés de Jésus-Christ; mais tout cela serait encore insuffisant, si le nouveau Pasteur n'avait pour lui l'élection libre du troupeau qu'il doit conduire : aussi n'est-ce qu'après avoir reçu la vocation du consistoire, composé des notables de l'Eglise, et agissant en son nom, qu'il prend possession de sa chaire et qu'il peut se nommer vraiment Pasteur. Cérémonies aussi simples que touchantes qui retracent, aux yeux des assistans, ces temps heureux où le Christianisme n'était encore que l'Evangile, et remplissent leur cœur d'une émotion douce que le luxe et le faste ne donneront jamais !

En second lieu, l'Eglise romaine s'est écartée des constitutions apostoliques dans sa hiérarchie. Non-seulement Jésus-Christ, en conférant l'ordination à ses Apôtres, n'avait établi entre ses envoyés aucune différence, mais il avait formellement déclaré que nul d'entr'eux ne pouvait prétendre, sans crime, à dominer sur les autres (1). Cette vérité fut constamment recon-

(1) Marc. x. 42.

nue jusqu'au troisième siècle, époque où la Foi chrétienne commença à décliner d'une manière effrayante, et dans le troisième siècle lui-même, au temps des Cyprien, c'est-à-dire l'an 256, on croyait encore que nul Pasteur ne pouvait s'arroger la primauté sur les autres, « chacun ayant une pleine liberté de sa volonté et une entière puissance. » (1)

Au reste, cette croyance n'était alors qu'une conséquence de l'attachement exclusif des premiers Chrétiens à l'Ecriture, qui n'a jamais établi la moindre hiérarchie entre les Ministres de la Parole, comme le prouve l'entière synonymie des termes grecs *Episcopos et Presbyteros*, employés indifféremment pour désigner l'ancien, l'Evêque ou le Pasteur. Frappées de cette considération, les Eglises évangéliques se sont hâtées de proclamer l'égalité parfaite des Pasteurs qui les gouvernent. Quand donc l'Eglise romaine consentira-t-elle à se défaire de ses clercs, de ses portiers, de ses exorcistes, de ses Cardinaux, de ses Chanoines, etc., ordres qui n'ont jamais existé que dans son imagination ?

Quant aux erreurs des Pasteurs romains, par rapport à la doctrine, la chose est trop évidente pour avoir besoin d'être prouvée. A l'autorité de la révélation, ils ont substitué l'autorité de leurs propres paroles; donc ils ont manqué le but de leur institution qui consiste à proposer aux mortels, ce que cette révélation enseigne; donc il n'est plus de légitimité pour eux; ceci est sans réplique.

Il est, je l'avoue, une autre sorte de légitimité proposée avec confiance par l'Eglise romaine pour infirmer l'autorité de nos Minis-

(1) Fleury. hist. Ecc. tom. 1. pag. 579.

tres ; c'est celle qui naît de la succession. Cette succession consiste en ce que nul ne puisse être dit Pasteur légitime, s'il n'a reçu ses brevets du Pape, descendant directement de Saint Pierre qui tenait ses pouvoirs de Jésus-Christ. Or, comme le Pape n'a pas donné de brevets à nos ministres, ils ne sauraient être de véritables Pasteurs. C'est là le fonds de l'argument, qui dans la réalité, ne signifie rien.

Un Pasteur est illégitime s'il n'a reçu son ordination d'un Ministre canoniquement ordonné, je le veux ; et l'on ne peut raisonnablement contester cette espèce de légitimité aux Pasteurs évangéliques qui n'ont reçu leurs pouvoirs ni du grand Turc ni grand Lama, mais bien de Prêtres et d'Evêques qui, lors de la réforme, se trouvaient dans le sein de l'Eglise romaine, et sous ce rapport aussi légitimement ordonné que qui que ce soit. Un Pasteur est illégitime si à cette ordination canonique il ne joint encore un brevet de mission de tel ou tel autre Ministre, je le nie ; car il faudrait pour cela non seulement que ce Ministre fut supérieur à tous les autres, ce qui n'est pas, puisqu'ils sont tous égaux ; mais encore qu'il fut dans l'impossibilité de devenir, lui-même, illégitime, ce qui est absurde à imaginer. Car que faut-il pour devenir illégitime ? manquer le but de son institution, et l'on sait déjà qu'on le manque toutes les fois qu'on se permet de s'écarter de la révélation ; chose que tout Ministre fera quand il le voudra bien. Mais s'il tombait jamais dans la tête de notre distributeur de brevets de se rendre illégitime, par un moyen aussi simple, est-ce donc à dire qu'il n'y aurait plus de Pasteurs ? Répondez Ministres romains !

Au reste, j'évite, comme on le voit, d'entrer

ici dans aucune sorte de particularité, quoique je le puisse bien facilement. Quand il s'agit du Pape, on a beaucoup à dire; comment se fait-il donc que je ne dise rien? Consolez-vous, cher lecteur, la partie n'est que remise, et le tour du Saint Père viendra un peu plus bas.

CHAPITRE XII.

Des Sacremens.

Il y a sept choses naturelles par où la vie s'acquiert et se conserve; donc il y a sept Sacremens.

Dieu fit le monde en six jours et se reposa le septième; donc il y a sept Sacremens.

Moïse, pour vaincre l'obstination de Pharaon, frappa l'Egypte de sept plaies effroyables (tout le monde sait bien que ce fut de dix); donc il y a sept Sacremens.

On voit briller sept planètes dans la voute céleste; donc il y a sept Sacremens (1).

Le nombre impair fut, dans tous les temps, un nombre sacré et chéri des Dieux.

« Numero Deus impare Gaudet. » VIRG.

Dans le Paganisme le nombre trois, dans le Catholicisme le nombre sept; mais quatre de plus ne font qu'une légère différence; sept dons du Saint-Esprit, sept péchés capitaux, etc. Il est donc d'une nécessité absolue qu'il y ait sept Sacremens, ni plus ni moins.

Telle fut, au rapport du Vénitien Fra Paolo, la

(1) Le Concile de Trente, quoique guidé par le Saint-Esprit, ne devinait pas cependant les futures découvertes de MM. Herschel, Piazzi, Olbers et Harding.

logique des pères du Concile de Trente ; et quant à moi, je le croirai sans peine; car quelles absurdités ne dit-on pas lorsqu'on abandonne la raison?

Les Théologiens romains ont beaucoup discuté sur le nombre, la forme, la matière et la grâce des Sacremens de la nouvelle loi ; or, après de longues et oiseuses disputes, il est arrivé ce qui arrivera toujours en pareille rencontre ; c'est qu'à force de subtilité on est tombé dans l'absurde et qu'on a fini par ne s'entendre plus. Essayons de poser, à notre tour, quelques principes également clairs et incontestables, ou plutôt tâchons d'être, à la fois, plus courts et plus intelligibles ; c'est à quoi il nous sera, je pense, bien facile de parvenir.

Est-il vrai, comme on l'a dit, que l'on doive entendre par Sacrement un signe sensible qui a le pouvoir de produire dans l'âme une grâce invisible ? C'est ce qui me paraît bien difficile à croire, et ce que nul homme sensé ne croira jamais ; comment immaginer, en effet, qu'il puisse exister quelque rapport entre des choses de nature différente, c'est-à-dire, qu'une cause physique puisse produire un effet moral ?

Autant notre ame est éloignée de la matière, autant il est impossible qu'elle puisse subir, par le moyen de cette dernière, le moindre changement. Ceci, ce me semble, est assez clair par lui-même pour n'avoir pas besoin d'être appuyé.

Or, qu'a fait le Concile de Trente pour prouver la Doctrine contraire ? Ne pouvant allier la raison avec ce qu'il voulait faire croire, il a frappé d'anathème ceux qui aurait le bon sens de raisonner encore; c'est là trancher brièvement la difficulté (1).

---

(1) Si quelqu'un dit... que les Sacremens de la nou-

Mais, voulez-vous savoir, lecteur, quelle est la conséquence d'un système aussi absurde? le voici en peu de mots : si c'est de l'application d'une matière inerte à quelque partie de notre corps que dépend le salut de notre ame, pourquoi donc s'abstenir du vice? N'aurons-nous pas toujours de quoi faire cette heureuse application?

Voyez aussi comment le Christ, dans l'institution de ses Sacremens, s'est hâté de prévenir une interprétation aussi funeste, « si quelqu'un » n'est né d'eau et d'esprit, dit-il à Nicodème, » il ne peut entrer dans le royaume des Cieux. » Or, remarquez ces deux expressions si rapprochées l'une de l'autre, d'eau et d'esprit, voulant faire entendre, par là, que nulle chose physique ne saurait procurer le renouvellement intérieur de l'homme; « car, ajoute-t-il, aussitôt, ce qui est né de la chair est chair, » et ce qui est né de l'esprit est esprit (1). »

Il suit, de tout ceci, que la définition de l'Eglise romaine est arbitraire, et par conséquent mauvaise; il s'agit donc d'en trouver une meilleure, c'est à quoi nous allons nous occuper.

Le mot Sacrement signifie chose cachée, et dans ce sens on peut dire que tout mystère est un Sacrement. Dans la suite, et par une transposition de la signification générale de ce terme à une signification plus particulière, on a pu entendre, par là, un signe d'institution divine représentant une grâce intérieure annexée à l'homme,

---

velle loi ne confèrent pas la grâce. *Ex opere operato*, qu'il soit anathème. Conc. Trid.

Or, par *opere operato* le Concile entend l'application de la matière et de la forme, c'est-à-dire, du signe extérieur.

(1) Jean III. ỳ. 5 et 6.

mais toujours indépendante de ce signe extérieur. Or, comme il existe dans l'Ecriture une infinité de signes employés pour représenter une grâce intérieure, il en résulte que cette définition est encore trop générale, sans quoi nous nous verrions obligés de compter les Sacremens par milliers, et c'est ici que je prie le lecteur de vouloir bien remarquer avec moi le peu de solidité de la définition de l'Eglise romaine qui, ne spécifiant pas l'espèce de grâce représentée par le signe sacramentel, tombe nécessairement dans la généralité qu'il fallait éviter, et établir autant de Sacremens que Jésus-Christ a employé de signes représentatifs.

Il est donc nécessaire pour arriver à une définition plus exacte, de distinguer deux sortes de grâces ; savoir : une grâce nécessaire et une autre grâce, utile à la vérité au salut de l'homme, mais non d'une nécessité absolue. Nous appellerons Sacrement, le signe extérieur de la première de ces grâces ; quant au *signe représentatif de la seconde, c'est tout au plus une pieuse pratique, une sainte cérémonie.*

Ceci posé, il est facile de conclure qu'un Sacrement n'est autre chose que le signe extérieur de la participation à une grâce nécessaire, quoique entièrement indépendante de ce signe qui ne saurait produire aucun effet moral.

Actuellement, si l'on nous demandait quel est le nombre de ces signes, nous répondrions que cette question se trouve résolue par cette autre bien simple : qu'y a-t-il de nécessaire au salut des humains? Or, comme on ne saurait assigner que deux choses, savoir : le renouvellement intérieur de l'homme et la participation au sacrifice de Jésus-Christ ; il est vrai de dire aussi, qu'on ne saurait donner le nom de Sacrement, qu'aux signes représentatifs de ces deux grâces, le Baptême et l'Eucharistie.

Mais si la participation à ces deux mystères de la foi chrétienne, est d'une nécessité indispensable au salut de l'homme, est-ce donc à dire que cette participation ne puisse avoir lieu sans l'application du signe extérieur qui le représente? A Dieu ne plaise que nous le croyons ainsi; car outre que la représentation d'une chose en suppose l'existence, « le vent souffle où il veut, » et l'on ne sait ni d'où il vient, ni où il va » (1).

L'Eglise romaine semble avoir tout dit quand elle a défié les Chrétiens évangéliques d'assigner dans quel siècle prirent naissance les cinq Sacremens ajoutés au Baptême et à l'Eucharistie? Ne pourrions nous pas à notre tour lui adresser la même question avec avantage, et lui demander quand et comment J.-C. les a établis? En attendant sa réponse, voici la nôtre : les cinq pieuses cérémonies, faussement décorées du nom de Sacrement, ne commencèrent à recevoir cette dénomination qu'en 1159, et elles la durent au célèbre maître des sentences, l'Evêque Pierre Lombard.

CHAPITRE XIII.

De l'Eucharistie.

La preuve, disait un jeune Anglais converti au Catholicisme, que J.-C. est corporellement présent dans l'Eucharistie, c'est qu'il a assuré lui-même qu'on devait entendre spirituellement

(1) Jean 3. 8.

ces paroles : « ceci est mon corps » (1). Avouons que cet Anglais n'était pas un habile logicien.

On a écrit de part et d'autre des volumes bien gros, à la vérité, mais fort peu attrayans, pour établir : les uns, qu'il est certain que quiconque mange l'Eucharistie, mange le Fils de Dieu ; les autres, au contraire, qu'on ne mange que du pain ; c'est-à-dire que l'on a noyé, dans un cahos de vaines dissertations, une question bien simple par elle-même, et qu'un peu de bon sens aurait suffi pour terminer.

J.-C., sur le point de consommer le grand œuvre qui devait à jamais réconcilier l'homme coupable avec son Créateur, voulut laisser à la terre un signe rémémoratif de cet amour sans bornes que l'aspect de la mort n'avait pu effrayer. Ecoutez l'Apôtre St. Paul, retraçant d'une manière aussi simple que touchante l'institution de ce Sacrement, aliment des cœurs sensibles, et gage éternel de notre participation au sacrifice de l'homme de Dieu. « J'ai reçu du Seigneur, » dit cet Apôtre, ce qu'aussi je vous ai donné ; » c'est que le Seigneur Jésus, la nuit qu'il fut » trahi, prit du pain et, après avoir rendu grâces, » il le rompit et dit : prenez, mangez, ceci est » mon corps qui est rompu pour vous; faites ceci » en mémoire de moi. De même aussi, après le » souper, il prit la coupe en disant : cette coupe » est la nouvelle alliance en mon sang; faites ceci, » toutes les fois que vous en boirez, en mémoire » de moi ; car toutes les fois que vous mangerez » de ce pain, et que vous boirez de cette coupe, » vous annoncerez la mort du Seigneur jusqu'à » ce qu'il vienne » (2).

(1) Ce raisonnement péremptoire se trouve dans une lettre d'un jeune Anglais à son père, imprimée à Montdidier en 1826.

(2) 1. Corinth. xi. 23.

Trois réflexions se présentent d'elles-mêmes: 1.° les paroles du Christ sont figurées; 2.° elles sont en contradiction avec la croyance de l'Eglise romaine; 3.° elles ne constituent qu'un signe rémémoratif.

1.° J.-C. parle ici un langage figuré. Rien de plus ordinaire dans les langues orientales, et particulièrement dans la langue hébraïque, que cette manière à la fois douce et persuasive de s'exprimer par emblêmes. C'est toujours par figures que J.-C. parle dans ses Evangiles. Ici, c'est un père tendre serrant contre son cœur un fils revenu de longs égaremens; ailleurs, c'est un pasteur courant à travers les vallées et les montagnes à la recherche d'une brebis éloignée du bercail; partout des comparaisons, partout des paraboles également propres à contenter l'esprit et l'imagination des peuples orientaux. Mais parmi tous ces sublimes emblêmes, il n'en est point de plus touchant et de plus énergique que celui où le Fils de Dieu, cachant sous l'image d'un pain sacramentel ce même corps qu'il allait livrer pour le salut de l'univers, invite tous les hommes à venir participer ensemble à la mémoire du grand sacrifice, pour y resserrer les liens d'une éternelle fraternité. Telle fut l'intention de J.-C. en instituant la Cène, et telle fut aussi l'interprétation des Apôtres, qui ne songèrent jamais à prendre au pied de la lettre des paroles évidemment figurées; et comment donc l'auraient-ils pu faire au moment même où en mangeant l'agneau pascal ils avaient dû ouïr de la bouche de leur maître *ces paroles emblématiques*: « Cet Agneau est la pâque de l'Eternel» (1).

Aussi, nulle admiration, nulle surprise dans

(1) Exode XII. 11.

aucun d'eux : tous écoutent froidement, tous mangent sans répugnance ce pain qu'ils eussent adoré s'ils l'eussent confondu avec le corps du Fils de Dieu.

Cependant, veut-on avoir encore une preuve plus sensible de cette vérité, examinons de plus près le texte rapporté ci-dessus. Ceci est mon Corps, dit J.-C. Quoi? qu'est-ce qui est votre Corps? ceci? ce que vous tenez dans votre main? impossible, contradictoire; car ce que vous tenez dans votre main ne peut pas être à la fois et votre corps et autre chose; or, évidemment, au moment où vous dites *ceci*, ce n'est encore que du pain. — Je n'ignore pas qu'on ne manquera pas de raisonner, d'argumenter, de distinguer; mais, après tout, qu'on argumente et qu'on distingue tant que l'on voudra, il n'en sera pas moins vrai de dire que ce que J.-C., même après la Consécration, a appelé du pain et du vin, ne saurait être autre chose, à moins qu'on ne suppose qu'il ait menti.

2.° Les paroles du Christ sont en contradiction avec la croyance de l'Église romaine. L'Eucharistie est une mémoire, un souvenir du sacrifice opéré sur la croix; il est donc certain que, même en supposant la présence réelle du corps de J.-C., ce corps ne pourrait y être que dans le même état où il se trouva après la consommation du sacrifice, c'est-à-dire en état de mort, ainsi que l'indique le terme *est rompu*. D'où vient donc que l'Eglise romaine soutient qu'à la présence du corps il faut encore joindre celle de l'ame?

3.° Les paroles du Christ ne constituent qu'un signe rémémoratif. Une chose qu'on ne doit faire qu'en mémoire d'une personne, et jusqu'à son arrivée, en suppose nécessairement l'absence; et c'est peut-être la première fois qu'on a ouï dire qu'il fût possible de faire mémoire de quelqu'un qui serait présent. J'avoue que contre de pareilles absurdités, une raison droite demeure presque sans armes, et ce n'est qu'avec répugnance que l'on peut descendre à les réfuter.

Un corps ne peut être à la fois en deux lieux différens ; on l'a, du moins toujours cru ainsi, et je ne sache pas que le contraire soit encore démontré. Le corps de J.-C., comme un autre corps, est soumis à cette loi invariable que vous avez recconnu vous-mêmes contre les ubiquistes. Donc si ce corps est réellement absent ou, plutôt, s'il est certain qu'il soit contenu dans le ciel, d'où il ne descendra qu'à la fin des siècles (1), il ne peut être présent sur vos autels.

Tout corps, quelque petit qu'on le suppose, doit avoir ses parties bien distinctes, et bien séparées les unes des autres, tellement que ces parties ne sauraient se trouver à la fois réunies sous un même point indivisible ; il est donc absurde de vouloir les réunir sous chaque point indivisible de l'hostie.

Voilà ce que dit la raison, et ce que Rome seule a osé contredire en se rejetant sur la puissance de Dieu. Certes, l'argument est péremptoire, autant en peuvent dire tous les insensés. Non, non, Dieu ne partage pas vos inventions ridicules, et s'il opère quelquefois des œuvres incompréhensibles, ces œuvres ne contredisent jamais le sens commun. Voyez aussi quelle rumeur s'élève parmi les Disciples à l'ouïe de ces paroles : « Si vous ne mangez la chair du Fils » de l'Homme et si vous ne buvez son sang, vous » n'aurez point la vie en vous-même. » Cette pa-

(1) Actes III. 21.

role est dure, disent-ils; qui la peut entendre? — Oui, sans doute, elle est dure, interprétée dans un sens grossier et charnel; mais sachez donc que « c'est l'esprit qui vivifie, et que la » chair ne profite de rien » (1). Or, qu'on ne croie pas que ce que nous disons actuellement soit en contradiction avec ce que nous avons déjà dit sur l'impassibilité des Apôtres au moment de l'institution de la Cène. Loin de le contredire en rien, ceci, au contraire, le confirme, puisqu'il est naturel de penser que les Apôtres ne durent éprouver aucun étonnement pour une chose dont ils avaient déjà l'interprétation.

Ce serait peut-être ici le lieu de parler d'un prétendu sacrifice offert à prix d'argent, et vulgairement appelé la Messe; mais nous croyons toute dissertation sur ce sujet parfaitement inutile; car, outre que l'oblation de J.-C. ne peut se réitérer, comme on ne peut en douter après le témoignage de l'Apôtre (2), l'Eucharistie n'est

(1) Jean vi. 53. 63.

(2) Christ est entré dans le ciel, afin de comparaître maintenant pour nous devant la face de Dieu. Non qu'il s'offre plusieurs fois lui-même, ainsi que le Souverain Sacrificateur entre dans les lieux saints, chaque année avec un autre sang (autrement il aurait fallu qu'il eût souffert plusieurs fois depuis la fondation du monde); mais maintenant, en la consommation des siècles, il a paru une seule fois pour l'abolition du péché, par le sacrifice de soi-même. Et comme il est ordonné aux hommes de mourir une seule fois, et qu'après cela suit le jugement, de même aussi Christ, ayant été offert une seule fois pour ôter les péchés de plusieurs, apparaîtra une seconde fois, sans péché, à ceux qui l'attendent à salut. Héb. ix. 24.

Or, c'est par cette volonté que nous sommes sanctifiés, savoir: par l'oblation qui a été faite une seule fois du corps de J.-C. . . . . ; mais celui-ci ayant offert un seul sacrifice pour les péchés, s'est assis pour toujours à la droite de Dieu, etc. . . . . ; car, par une seule oblation, il a consacré pour toujours ceux qui sont sanctifiés. Héb. x. 10 14.

que du pain, et, je le demande, qu'est-ce qu'un sacrifice de *pain*.

Il nous eût été également facile de nous étendre sur les erreurs qui se sont glissées dans les pratiques de l'Eglise romaine, par rapport à la coupe, pratiques d'autant plus vicieuses que, s'écartant de l'institution du Christ, elles ne représentent qu'à demi son état de mort, dont l'Eucharistie est la figure. Mais est-on obligé de tout dire, et le lecteur ne devinera-t-il rien? Je termine donc ici une question déjà trop longue, ce me semble, en exhortant ceux que nos raisons n'auraient pas complétement satisfaits, à s'adresser au bon Jean Jacques, qui a fait contre le dogme de la présence réelle des objections assez graves pour n'être jamais réfutées.

CHAPITRE XIV.

De la Confession.

On entend par absolution, dit le Concile de Trente, « un acte judiciaire par lequel le Prêtre, » comme juge, prononce la sentence. » Ces paroles ont un conformité frappante avec ces maximes enseignées à la jeunesse catholique.

» L'Orde sacré rend les hommes des Dieux;
» Tout Prêtre est Saint, sa puissance est su-
» prême;
» Il a les clefs des Enfers et des Cieux;
» Il tient de Dieu le pouvoir sur Dieu même» (1).

N'est-ce pas là ce qu'on appelle une humble prétention?

---

(1) Exercices de piété pour l'usage des écoles Chrétiennes, page 113.

Non contente d'avoir établi une inquisition sur la raison de l'homme, l'Eglise romaine a voulu fonder un monopole sur ses actions et sa conscience; que dis-je? elle a prétendu forcer Dieu à dire *je te pardonne* ou *je te condamne*, selon qu'elle jugerait convenable de pardonner ou de condamner. Ainsi, voilà l'Etre suprême incapable de se conduire par lui-même, et devenu l'écolier d'un petit vicaire paroissial.

Mais si tout, dans le Christianisme, doit reposer sur des preuves incontestables, que sera-ce d'un dogme qui choque d'une manière aussi effrayante les notions les plus communes sur la Sagesse Infinie? Et, toutefois, nous le disons sans crainte d'être démenti, de tous les argumens employés pour défendre cette absurde croyance, il en est si peu qui puissent soutenir le plus léger examen, qu'après les avoir tous mûrement pesés, il ne reste à l'homme impartial, qui raisonne, qu'une juste et sainte indignation.

Sur quoi s'est donc fondée l'Eglise romaine pour accréditer ce système chimérique? sur une déclaration de J.-C. qu'elle n'a jamais proposée à l'interprétation des fidèles, que séparée de ce qui la précède et de ce qui la suit dans le texte, c'est-à-dire déjà toute interprétée. Osons donc aborder, à notre tour, cette déclaration avec confiance, et cherchons à savoir si le Fils de Dieu a pu vouloir assujettir l'homme à ramper sous le joug de la plus humiliante pratique qui fut jamais.

« A quiconque vous pardonnerez les péchés, » dit J.-C., ils seront pardonnés; et à quiconque » vous les retiendrez ils seront retenus » (1). La conséquence de ce passage, nous dit-on, c'est qu'il faut confesser ses péchés à un prêtre, à

(1) Jean. xx. 23.

moins de soutenir qu'il est possible d'absoudre ou de condamner sans connaissance de cause, et comme au hasard. Or, nous disons aussi que cette interprétation n'est pas véritable, et voici pourquoi :

Dans quelles circonstances J.-C. prononça-t-il ces paroles? c'était incontestablement au moment même où, près de quitter pour toujours ses Apôtres, il venait de les constituer Ministres de l'Evangile, et de leur confier le mystère de la réconciliation qui consiste dans la foi à cet Evangile, d'après ce témoignage de St. Marc : « Allez par tout le monde, et prêchez l'Evangile à toute créature. Celui qui aura cru et » qui aura été baptisé sera sauvé; mais celui qui » n'aura pas cru sera condamné. » (1) Rapprochez actuellement le texte allégué par l'Eglise romaine de celui que nous venons de rapporter, et vous verrez qu'ils s'expliquent si bien, mutuellement, qu'on ne saurait douter que ce pouvoir tant préconisé d'absoudre les péchés, n'était, chez les Apôtres, que le droit de prêcher l'Evangile qui devait remettre ou rétenir les péchés des hommes, selon qu'il plairait à chacun d'eux d'embrasser ou de rejeter ce qu'il contient. Il en est de cette déclaration comme de cette autre où J.-C. met entre les mains de Pierre les clefs du royaume des cieux. Or, qu'est-ce que ces clefs, sinon la prédication de l'Evangile, qui ouvrait le ciel à ceux qui croyaient, et qui le fermait aux incrédules?

Une preuve évidente qu'on ne saurait donner aux paroles de J.-C. une interprétation contraire à la nôtre, c'est que les Apôtres, auxquels on ne peut refuser le privilége d'avoir bien compris les préceptes de leur maître, n'entendirent

(2) Marc. XVI. 16.

jamais des confessions. Consultez l'histoire de leurs actes, passez en revue leurs écrits, leurs épîtres, et de leur silence absolu sur ce dogme, vous concluerez bientôt que, loin de le connaître, ils ne le soupçonnaient même pas. Mais si le précepte de la confession est si essentiel au salut de l'homme, qu'il ne puisse y avoir sans lui de rémission de péchés, comment eut-il pu se faire, je le demande, que ces athlètes du Christianisme eussent négligé un moyen si puissant pour sanctifier leurs prosélytes? pourquoi ne l'eussent-ils jamais indiqué aux nouveaux convertis comme un mode de réconciliation?

Pourquoi St. Paul aurait-il prescrit aux fidèles de Corinthe de s'éprouver eux-mêmes pour participer à l'Eucharistie? (1) Par quelle fatalité serait-il arrivé que ce même Apôtre, qui s'est plu à décrire avec un rigoureux détail les divers devoirs d'un Pasteur, n'eût jamais parlé de celui d'entendre les confessions? Comment, en un mot, les Apôtres l'auraient-ils ignoré?

Dira-t-on, avec un moderne Missionnaire catholique (2), que l'Apôtre des Gentils ne répondant qu'aux questions qui lui étaient faites, il n'est pas étonnant qu'il n'ait rien dit sur ce qu'on ne lui a pas demandé? Mais n'est-ce pas là reculer la difficulté au lieu de la résoudre, et ne serait-il pas aussi surprenant que St. Paul eût été consulté sur tout, excepté la confession?

Nous n'ignorons pas que c'était un usage établi

---

(1) Que chacun donc s'éprouve soi-même, et ainsi qu'il mange de ce pain et qu'il boive de cette coupe. Corinth. xi. 28.

(2) L'Abbé Guyon. Au reste, quoique ce fait nous étonnât peu de la part de ce jésuite, nous ne le donnons pas comme certain, n'ayant pas eu l'honneur d'entendre nous-même M. Guyon.

chez

chez les juifs, de faire en esprit de pénitence un aveu formel et public des fautes qu'ils avaient commises; usage qui, bien loin d'infirmer en rien notre sentiment, nous fournit au contraire la solution de ces paroles des Actes qu'on ne manquera pas de nous objecter : « Plusieurs de » ceux qui avaient cru, venaient, confessant et » déclarant ce qu'ils avaient faits ». Or, remarquez que cette confession était volontaire, puisqu'elle n'avait lieu que de la part de quelques-uns; qu'elle était faite à haute voix, qu'elle était entièrement différente de la confession prescrite par l'Eglise romaine, et qu'elle était en tout semblable à celle que faisaient ceux qui accouraient au baptême de St. Jean, qui ne s'avisa jamais d'entendre secrètement, pas plus que St. Paul, des aveux commandés; ou bien encore à cet autre dont parle l'Apôtre St. Jacques : « Confessez vos » fautes l'un à l'autre, priez l'un pour l'autre afin » que vous soyez guéris; car la prière du juste, » faite avec véhémence, est de grande efficace » (1).

On croit avoir beaucoup dit quand on a raisonné de cette manière : vous ne saurez assigner l'époque où la pratique de la confession s'est introduite dans l'Eglise; c'est donc à tort que vous l'attaquez. — Etrange logique que celle qui prend tous les abus dont on ne peut marquer l'origine précise pour autant de vérités incontestables; comme si ce nombre infini d'absurdités qui se sont glissées dans les choses profanes à l'aide des siècles d'ignorance, ne démontrait pas assez clairement ce qui a pu arriver dans le sacré à l'aide de ces mêmes siècles; et comme si de ce qu'une pratique n'existait pas aux temps apostoliques, il ne nous était pas permis de conclure que cette pratique est controuvée!

(1) Epît. catholique de St. Jacques. v. 16.

Elle est donc bien évidemment chimérique, cette croyance digne d'être reléguée parmi les peuples superstitieux de l'Indostan. Puissent les nations chrétiennes, éclairées du flambeau de la vérité, ensevelir dans un oubli éternel ces inventions qui déshonorent la raison humaine! Puisse le peuple Français, en particulier, se voir bientôt délivré de ces restes surannés d'une antique barbarie! Puissent, enfin, nos aimables vierges, dont l'esprit, hélas! souvent trop timide, ne voit que mensonge et que crime au-delà de la sphère de leur éducation, oser aussi secouer un joug que leur naïve candeur rend plus pesant encore; puissent-elles se souvenir que *beauté* et *raison* ne sont pas deux mots incompatibles, et qu'on peut à la fois être sage et pensant! Tel est le vœu d'un jeune homme ami sincère de la liberté, du Christianisme et de la vertu.

CHAPITRE XV.

Du Pape.

« Vous savez que ceux qui dominent sur les » nations, les maîtrisent, et que les grands » d'entr'eux eusent d'autorité sur elles; mais il » n'en sera pas ainsi entre vous; mais quiconque » voudra être le plus grand entre vous, sera » votre serviteur; et quiconque d'entre vous » voudra être le premier, sera le serviteur de » tous » (Marc. x. 42.). C'est sans doute pour se conformer à ces paroles de J.-C., que M. de Maistre a composé son gros livre du Pape.

Nous l'avons déjà dit dans notre chapitre IV.e; nous n'entendons nullement le mot *Eglise* dans le sens de monarchie universelle, et nous croyons, de plus, avoir donné à entendre pourquoi. Or, là où il n'y a point de monarchie, il n'est pas besoin de monarque. Ceci nous paraît concluant.

Il faudrait plus de loisir, et surtout plus de courage que nous n'en avons, pour suivre l'écrivain papiste dans ses longues et inutiles compilations; nous sommes, nous Protestans, si faciles à contenter, que si, au lieu d'étaler à nos regards une si vaste érudition, M. de Maistre eût daigné nous ouvrir les yeux au moyen d'un simple texte Biblique bien commenté, nous serions accourus nous réjouir à la lueur de son flambeau. Mais l'exagération nous déplaît en toutes choses, et ce n'est pas médiocrement exagérer, que de faire du Pape le pivot sur lequel roule le monde entier. En vérité, nous ne savons comment cela se fait; mais en voyant les prétentions de M. de Maistre, nous nous demandons : est-il bien vrai que St. Pierre ait eu tout ce pouvoir? est-il bien vrai qu'il ait pu se douter que l'Eglise, les Rois, les Peuples seraient un jour foulés par un Evêque résidant à Rome, où il n'a jamais été.

— Quoi? St. Pierre n'a jamais été à Rome? quelle étrange assertion? — Non, St. Pierre n'a jamais été à Rome. Ecoutez.

Les Pères de l'Eglise qui nous ont parlé si gratuitement du séjour de Pierre dans la ville des Césars, placent son arrivée, dans sa capitale, en l'année 44 de l'ère. L'Evangile à la main, il nous est facile de prouver qu'il n'y avait pas paru l'an 65.

Il est d'abord utile d'observer que tous ces Pères de l'Eglise sont des copistes d'Eusèbe, qui avait copié Clément d'Alexandrie, lequel aurait copié Papias. Ce Papias, qui n'écrivait que 80 ans après les évènemens qu'il raconte, et qui ne se basait que sur des oui-dires, assure que St.

Pierre vint à Rome, et qu'il y exerça l'Episcopat durant 25 ans. En accordant seulement 30 années à cet Apôtre lorsque J.-C. l'appela auprès de lui, nous aurions au moins 65 ans, correspondant à la 65.me année de l'ère, durant laquelle Pierre n'était pas encore à Rome. Ajoutant le nombre 25 à 65, nous trouverons 90 pour durée de sa vie. Assurément c'est beaucoup.

Il est vrai que lorsqu'il s'agit de Papias, qu'Eusèbe traite de petit génie, d'homme trop crédule, il faut s'habituer aux choses étonnantes; et la rencontre que St. Pierre, fuyant la prison, fit de J.-C. aux portes de Rome, l'entretien qu'ils eurent ensemble, l'élévation dans les airs de Simon le magicien, et mille autres contes de cette espèce, paraissent aussi croyables que les 90 années.

Eusèbe rapporte aussi que l'Evêque Denys, ant.eur au 2.e siècle, raconte que St. Pierre et St. Paul se rencontrèrent à Corinthe, et que de là ils partirent pour Rome, où ils furent martyrisés. Mais le même Eusèbe nous donne un bon correctif à ce récit, en nous disant que Denys se plaignait que des hérétiques avaient falsifié ses lettres. C'est ainsi que dans tous les temps on a su faire dire aux historiens ce que l'on désirait qu'ils eussent dit; témoin le Concile de Trente, qui décida que les ouvrages des Pères devaient être *expurgati*.

Quoiqu'il en soit des Pères et des Historiens, St. Pierre n'était pas arrivé à Rome l'an 65; loin d'y être l'an 44. C'est-à-dire qu'il n'y a vraisemblablement paru de sa vie.

Tout le monde sait que la 7.e année après la mort de J.-C., qui fut celle de la conversion de St. Paul, et la 40.e de l'ère, St. Pierre habitait Jérusalem, d'où on l'envoya à Samarie avec l'Apôtre Jean, pour confirmer les Samaritains dans les croyances chrétiennes, qu'ils avaient reçues de Philippe. (Actes VIII. 15.) Après la conversion de Saint Paul, Pierre alla à Lydde (Act. IX. 32. 34.), à Joppe (Act. IX. 36. 41.), à Césarée (Act. X.); de là il retourna à Jérusalem pour se justifier à l'occasion de la conversion de Corneille. Ces voyages prennent un espace de 3 ans; d'où je conclus que jusqu'à l'an 43 Pierre n'avait pas vu Rome.

De l'an 43 à l'an 44, Pierre demeura à Jérusalem, où il fut emprisonné (Act. XII.). Trois ans après sa conversion, St. Paul vint d'Antioche à Jérusalem pour y porter les aumônes des fidèles, et il logea quinze jours chez Pierre (Act. XI. 30. — Gal. I. 18.). Quatorze ans après, c'est-à-dire l'an 58, il y remonta de nouveau, et Pierre y était encore avec ses principaux collègues. Si nous lisons, de plus, attentivement le 11.e ℣. du chap. 2.e de l'épît. aux Galates, nous y verrons que ce fut seulement après ce temps que Saint Pierre alla à Antioche. Or, ajoutant à 58 les 7 années de séjour qu'il fit, selon nos adversaires, dans cette ville, nous avons évidemment 65.

Encore une autre manière de prouver : Paul étant arrivé à Rome en l'an 60, apprend qu'on n'y sait autre chose de la Religion Chrétienne, sinon qu'on la contredit partout (Act. XXVIII. 22.), et cependant, nous dit-on, Pierre était à Rome depuis 14 ans entiers. Deux ans s'écoulent pendant le séjour de Paul dans la Capitale du monde, d'où il écrit aux Ephés., aux Colos., à Philé., aux Philip., et cela, sans jamais dire un mot de son collègue Pierre. Bien plus, l'Apôtre des Gentils nous assure, dans son épître aux Col. (IV. 10.), qu'Aristarque, Marc et Jésus-le-Juste, lui ont été seuls en consolation. Quelle injure pour Pierre!

L'an 63, Paul étant parti de Rome, alla dans

l'île de Candie, à Colosse, à Ephèse, à Philippes. Enfin, étant passé par Nécopolis, Troos et Corinthe, il fut de retour à Rome l'an 65 ou 66, le 10.e ou 11.e du règne de Néron. — Il y trouva Pierre, sans doute? — Si peu, qu'ayant été mis en prison, il écrivit à Timothée (2.e iv. 16.) que tous l'avaient abandonné, et que personne ne l'avait assisté. C'eût été faire un grand éloge de Pierre.

En vérité, je ne sais où les Catholiques romains ont puisé que leurs Papes avaient succédé directement au fils de Jonas; il est clair pour moi, jusqu'à l'évidence, qu'ils sont les successeurs de Saint Paul. « La prédication de l'Evangile du prépuce m'était commise, nous dit cet » Apôtre, comme celle de la circoncision l'était » à Pierre » (Gal. ii. 7.). Pierre n'a donc prêché qu'à des circoncis. Et, ailleurs, le même Saint Paul, écrivant aux Romains, ne craint pas de se nommer Apôtre des Gentils (Rom. xi. 13.), et d'affirmer qu'il n'a édifié sur le fondement d'aucun autre, parce qu'il n'a prêché que là où Christ n'avait pas été annoncé (Rom. xv. 20.). Or, Christ était annoncé à Rome en l'an 60, si Pierre y était arrivé en l'an 44.

Quand on parle du Pape on a beaucoup à dire, avons-nous dit quelque part, et nous voudrions cependant dire le moins possible; mais, enfin, faut-il aussi détromper le pauvre peuple qui, entendant chaque jour parler de leurs Saintetés, s'imagine que tous les Papes sont de saints hommes. Ecoutez donc, pauvre peuple, nous allons vous donner un petit tableau des Evêques de Rome, dans l'ordre de succession assigné par vos Docteurs. Nous ne blâmerons que ce qui est blâmable, car nous voulons être juste à tout prix.

NOMS DES PAPES.	*Observations.*
SAINT PIERRE. LIN. CLET. CLEMENT I. ANACLET. EVARISTE. ALEXANDRE I. SIXTE I. TELESPHORE. HYGIN. PIE I. ANICET. SOTER. ELEUTHERE.	Comme tous les premiers Pasteurs Chrétiens, ils se distinguèrent par de grandes vertus; mais ils ne se doutaient pas qu'ils étaient Papes, et leur ignorance les préserva des crimes de leurs successeurs.
VICTOR I, année 195.	Ce fut le premier Evêque de Rome qui donna l'exemple de l'orgueil et de la violence. Les Eglises d'Asie ne partageant pas son sentiment sur le temps de la célébration de la Pâque, Victor les excommunia.
ZEPHIRIN, 202.	Ce pape fut d'abord hérétique, montaniste; mais il eut le bonheur d'être détrompé par Praxéas qui devint montaniste lui-même.
CALLIXTE. URBAIN I. PONTIEN. ANTEROS. FABIEN. CORNEILLE I. LUCIUS I.	
ETIENNE I, 252.	L'Evêque de Carthage, Cyprien, ayant soutenu la nullité du baptême, administré hors de l'Eglise Catholique, Etienne entra contre lui dans des sentimens de fureur, et le menaça de l'excommunication, lui et ses adhérens. Cyprien assembla à ce sujet les Evêques d'Afrique, et leur adressa ces paroles remarquables: « Aucun de nous ne s'établit Evêque des » Evêques, et ne réduit ses collègues à » lui obéir par une terreur tyrannique. »

(Il paraît que l'Evêque de Carthage doutait des droits de la papauté.) On députa vers Etienne, qui refusa de voir les Ambassadeurs, et qui défendit d'exercer envers eux les devoirs de l'hospitalité. Les deux partis écrivirent l'un contre l'autre d'horribles invectives.

SIXTE II.

DENYS.

FELIX I.

EUTYCHIEN.

CAIUS.

MARCELLIN, 296. La crainte des supplices lui fit offrir de l'encens aux idoles, dans le temple de Vesta.

MARCEL, 308. Après une vacance de trois ans, Marcel obtint le titre d'Evêque de Rome. Aussitôt après son élection, il commença à tant briller parmi les fidèles de cette ville, qu'elle fut remplie de querelles et de meurtres. Sa conduite obligea l'empereur Maxime à le condamner à étriller les chevaux de ses écuries.

EUSÈBE, 311. Marcel ayant inventé les pénitences économiques, Eusèbe voulut les maintenir. Le peuple, qui n'aimait pas la tyrannie, entra en discorde, et Eusèbe fut banni par Maxence.

MELCHIADES, 312. Les Donatistes furent excommuniés par lui, dans un Concile assemblé à Rome. Ce Pape eût mérité lui-même l'excommunication pour avoir livré aux payens les Saintes Ecritures.

SYLVESTRE I, 314. Sylvestre assembla contre les Donatistes plusieurs Conciles dont il faisait soutenir les Canons par les échafauds de Constantin. Après le Concile de Nicée, qui condamna les Ariens, il usa contre ceux-ci des mêmes moyens de persuasion. C'est lui qui, dans la même assemblée, fit décréter la continence des ecclésiastiques. Lorsque les Papes ont voulu, dans la suite, jouir d'une souveraineté temporelle, ils ont exhibé une prétendue donation par laquelle Constantin aurait fait cadeau de Rome à Sylvestre I.

MARC.

JULES I, 338. Si les Papes étaient infaillibles, Jules n'eût pas reçu à sa communion les hérétiques Arsace et Valens.

LIBÈRE, 353. Libère lança contre Athanase les foudres papales; ayant été exilé dans la Thrace, on lui donna pour successeur un nommé Félix; mais les dames romaines, qui l'aimaient beaucoup, le firent rappeler dans la suite, à condition qu'il partagerait la Papauté avec ce dernier, et qu'il embrasserait l'Arianisme. Libère consentit à tout ce que l'on voulut, et ne craignit pas, selon Hilaire de Poitiers, de devenir prévaricateur de la foi pour contenter son ambition.

FELIX II, 360. Au retour du Pape Libère, Félix qui avait été nommé à sa place durant son absence, fut chassé de Rome, où il rentra par le moyen des clercs de son parti. Mais il en fut chassé une seconde fois par la noblesse et par le peuple.

DAMASE I, 367. Pretextat, qui fut depuis Préfet de Rome, disait à Damase : faites-moi Pape et je me ferai Chrétien. Leurs Saintetés n'étaient donc plus déjà tant à plaindre. Lorsqu'il fallut s'assembler pour l'élection d'un Evêque, la faction de Libère et celle de Félix entrèrent dans de violentes séditions, et nommèrent chacune un Pape; mais le parti de Libère ayant triomphé, Damase fut le bon Pape et son compétiteur le mauvais.

SYRICE.

ANASTHASE I.

INNOCENT I.

ZOZIME.

BONIFACE I.

CELESTIN I.

SIXTE III.

LEON I, 442. A de grandes qualités Léon joignait beaucoup de fierté, d'ambition et de fanatisme. Une de ses maximes était que : la crainte des supplices rigoureux fait quelquefois que les hérétiques recourent au remède spirituel,

HILAIRE.
SIMPLICE.
FELIX III.
GELASE I.
ANASTHASE II

SYMMAQUE. 498. Élu en même temps qu'un archidiacre nommé Laurent, le jour de son élévation vit commencer des troubles que Théodoric, Roi des Lombards, put seul appaiser. C'est en vain qu'on a voulu le laver des crimes horribles dont il fut accusé, au moyen de quelques Conciles assemblés pour le disculper. L'histoire témoigne qu'il fut criminel. Son fanatisme le porta jusqu'à traiter avec une cruauté révoltante les Orientaux qui voulaient bien appartenir à la Communion Romaine, mais qui refusaient de se dépouiller envers les hérétiques des devoirs du patriotisme et de la charité.

HORMISDAS, 514. Successeur des envoyés d'un maître qui n'avait pas à reposer sa tête, il ceignit la sienne d'une couronne d'or.

JEAN I, 523. Si l'Empereur Justin était cruel avec les Ariens, ce n'était pas au Pape Jean à l'approuver dans ses cruautés. Aussi, Théodoric, qui aimait ces hérétiques, le fit transporter à Ravenne où il mourut.

FELIX IV.

BONIFACE II, 530. Boniface porta la violence jusqu'à forcer les Evêques, assemblés en concile dans la Basilique de Rome, à lui laisser choisir pour successeur un diacre appelé Vigile. Heureusement que dans un autre Concile les Evêques cassèrent ce qui s'était fait dans le premier.

JEAN II.
AGAPET I.

SYLVERE, 536. Ayant acheté la charge au Roi Théodat, Sylvère lui manqua de foi en ménageant à Bélisaire son entrée à Rome. Mais Dieu punit les traîtres, et Sylvère ayant été attiré à Constantinople, fut accusé d'avoir voulu livrer cette ville aux Gots. Sur cette accusation il fut dépouillé de ses habits pontificaux, et revêtu d'un froc.

VIGILE, 537. Après avoir obtenu de l'Impératrice l'exil de Sylvère, il employa à assurer son élection 700 pièces d'or qu'il avait empruntées à Constantinople. La plus grande partie de son Episcopat se passa en disputes avec l'Empereur au sujet des trois chapitres.

PELAGE I, 556. Pélage dut son élection à ses intrigues et à ses promesses. Comme on l'accusait d'avoir procuré la mort de Vigile, il se disculpa en faisant une procession, et mieux encore en répandant beaucoup d'argent. Nous avons un fragment d'une lettre qu'il écrivait à Narsès, propre à faire connaître son esprit. «Ne vous »arrêtez pas, lui disait-il, aux vains discours »de ceux qui vous disent que l'Eglise excite »une persécution quand elle réprime les »crimes et cherche le salut des ames. On ne »persécute que quand on contraint à mal »faire. Or, que le schisme soit un mal, et qu'il »doive même être réprimé par la puissance »séculière, l'Ecriture et les Canons nous l'en»seignent.... Ne craignez rien ; il y a mille »exemples et mille constitutions qui montrent »que les puissances publiques doivent punir »les hérétiques, les schismatiques, non seule»ment par l'exil, mais par la confiscation des »biens, par de rudes prisons.»

JEAN III.

BENOIT I,

PELAGE II,

GREGOIRE-LE-GRAND, 560. Je ne sais en quoi il fut grand. Ce n'est pas assurément en mutilant les statues qui embélissaient Rome, ni en brûlant la bibliothèque palatine, fondée par Auguste, ou bien en cherchant d'exterminer par le feu les écrits de Tite-Live, d'Ennius et d'Affranius. On voit par tous ces actes que le grand Grégoire aimait l'ignorance parmi le peuple; et on voit encore mieux, par une lettre adressée à un gouvernement d'Afrique, qu'il ne détestait pas les châtimens contre les Donatistes. Il aurait pu choisir, pour objet de ses flatteries, quelque chose plus digne d'éloges que Brunéhaut ou que Phocas qui avait assassiné l'Empereur Maurice et ses enfans.

SABINIEN, 604. Semblable à Néron, ce prêtre vendait aux malheureux le blé qu'il avait en abondance, durant une disette. Jaloux des talens de Grégoire, il voulait brûler ses écrits, sous prétexte qu'ils étaient hérétiques.

BONIFACE III 606. Jusqu'à Boniface, les Evêques de Constantinople partageaient avec ceux de Rome le titre d'Evêque universel. Boniface, qui voulait être seul Pape, le leur fit quitter avec l'aide de l'Empereur Phocas.

BONIFACE IV.

ADEODAT I.

BONIFACE V.

HONORIUS I, 625. On a voulu prouver qu'Honorius n'avait pas été hérétique Monothélisme, et on a cru le faire, nous ignorons comment. On nous permettra, nous l'espérons, d'être un moment bons Catholiques, et de croire à l'infaillibilité du 6.e Concile général dont voici un Canon : « Nous croyons devoir anathé-» matiser Honorius, jadis Pape de l'ancienne » Rome, parce que nous avons trouvé, dans » sa lettre à Sergius, qu'il suit en tout son » erreur et qu'il autorise sa doctrine impie.»

SEVERIN.

JEAN IV.

THEODORE I, 642. Ce n'était pas assez d'être appelé Evêque universel, Théodore voulut encore être appelé Souverain Pontife. Un souverain n'est le frère de personne, aussi les Evêques ne se permirent plus de lui donner ce nom.

MARTIN I.

EUGENE I.

VITALIEN.

ADEODAT II.

DOMNUS I.

AGATHON.

LEON II.

BENOIT II.

JEAN V.

CONON, 686. Un Pape peut être un imbécile; Conon l'était.

SERGIUS I.

JEAN VI.

JEAN VII, 705. On dit qu'il était si servile qu'il refusa de corriger les actes du Concile de Trulle, de peur de déplaire à Justinien; et si fastueux qu'il avait un calice d'or du poids de trente livres, orné de pierreries.

SISIMNIUS.

CONSTANTIN, 708. L'Archevêque de Ravenne ayant refusé de faire à l'Eglise de Rome les promesses accoutumées, eût, par les soins de ce Pape et ceux de Justinien, les yeux crevés et fut relégué dans le Pont.

GRÉGOIRE II.

GREGOIRE III, 731. Mon Royaume n'est pas de ce Monde; avait dit J.-C. Celui de Grégoire en était, car il posséda le premier l'exarchat de Ravenne.

ZACHARIE, 741. Consulté qui de Childéric ou de Pepin avait le plus de droits au trône de France, Zacharie répondit que les Français étaient dégagés de leurs sermens envers des Rois fainéans. Voilà le premier acte de juridiction sur les Rois.

ETIENNE II, 753. Astolphe, roi des Lombards, assiégeait Rome, et Etienne avait peur. Il imagina alors d'écrire à Pépin une lettre où Saint Pierre serait mis en scène pour damner le Roi, s'il ne venait à son secours. Ce qui fut imaginé fut fait. Mais Pépin était exigeant, et quoique usurpateur, il voulut qu'Etienne vint en France pour le sacrer, lui, sa femme et ses deux fils. Etienne obéit et recouvrat l'exarchat de Ravenne.

PAUL I.

CONSTANTIN II ET ETIENNE III, 768. Il y eut souvent deux Papes à la fois. Le jour de l'élection d'Etienne, Constantin s'empara du Pontificat. Mais ce dernier succomba et eut les yeux arrachés; ce qui prouve qu'Etienne était le bon Pape.

ADRIEN I.

LEON III.

ETIENNE IV.

PASCAL I, 817. On l'accuse seulement d'avoir participé au meurtre de deux partisans de Lothaire.

EUGENE II, 824. Que d'autres se distinguent en combattant la superstition ou en faisant d'utiles découvertes; on bénira toujours Eugène d'avoir inventé l'épreuve de l'eau froide.

VALENTIN.

GREGOIRE IV, 828. Il n'est pas bien de favoriser la révolte des sujets contre leurs Princes, et encore moins celle des enfans contre leurs parens. Grégoire IV ignorait cette vérité lorsqu'il soutenait les fils de Louis-le-Débonnaire contre leur père, et il ignorait aussi les bornes de sa puissance en prétendant être élevé au-dessus du trône des Rois.

SERGIUS II.

LEON IV.

LA PAPESSE JEANNE. Ou il n'y a pas de vérité historique, ou l'histoire de la Papesse Jeanne est vraie; nous n'avons pas de faits, rapportés par 70 auteurs à la fois dont il soit permis de douter, et nous connaissons 50 Historiens Catholiques, parmi lesquels plusieurs sont canonisés, qui nous racontent les aventures d'une jeune fille qui parvint à la Papauté, et qui accoucha en habits pontificaux dans un procession au Colysée.

BENOIT III ET ATHANASE 855. Encore un exemple de deux Souverains Pontifes à la fois.

NICOLAS I. 858. Le patriarche Photius soutenant, avec assez de raison, que Constantin ayant transféré le Siége de l'empire à Constantinople, cette ville, préférablement à celle de Rome, devait jouir de la primauté parmi les Eglises, fut excommunié par Nicolas.

ADRIEN II. 867. Les Papes ont eu la manie de s'immiscer partout. Le Pape Adrien II prit le parti de Louis II, frère de Lothaire, contre Charles-le-Chauve, dans une dispute pour la succession qui ne le regardait pas. Ayant menacé d'excommunier le Roi de France, Hincmarc Archevêque de Rheims, lui écrivit: « que » sa dignité ne lui donnait aucun droit sur » le gouvernement des états; qu'il ne pou» vait être ensemble Evêque et Roi; que » c'est aux peuples à choisir leur Souve» rain; que les anathèmes mal appliqués » n'ont aucun effet sur les ames; que les » hommes francs ne se laissent point asser-

» vir par un Evêque de Rome. » Ces vérités auraient convaincu tout homme de bonne foi. Adrien, faute de bonne réponse, excommunia le Roi et Hincmare.

JEAN VIII, 872. La doctrine de la toute puissance des Papes faisant des progrès, Jean donna l'Empire d'Occident à Charles-le-Chauve, qui le reçut comme vassal.

MARTIN II.

ADRIEN III.

ETIENNE V.

FORMOSE.

BONIFACE VI ET ETIENNE VI, 896. Il est convenu que dans le cas de deux compétiteurs à la Papauté, celui qui triomphe a raison. Etienne VI doit à cette convention d'être préféré à Boniface VI. Mais on n'a jamais convenu qu'il fût bien d'être ambitieux et fanatique, et Etienne le fut ; il fit déterrer le corps de Formose son prédécesseur, pour le faire condamner, dans un Concile, à avoir la tête tranchée, trois doigts de la main coupés, et à être jeté dans le Tibre. Le pauvre Formose méritait sans doute ce châtiment, car il avait quitté l'Evêché de Porto pour celui de Rome.

ROMAIN, 897. Il n'était que fourbe, simoniaque et parjure.

THÉODORE II.

JEAN IX.

BENOIT IV.

LEON V.

SERGIUS III, 905. La convention dont nous avons parlé ci-dessus est si forte que Sergius III, élu Pape en même temps que Jean IX, fut un vrai antipape tout le temps qu'il fut le plus faible, et un vrai Pape quand il devint le plus fort, c'est-à-dire après la mort de Léon V. Il flétrit de nouveau la mémoire de Formose qui avait été réhabilitée, et approuva la procédure d'Étienne VI. Marosie, fille de Théodora, femme publique comme sa mère, eut l'honneur de le rendre père.

ANASTASE III.

LANDON, 914. Landon n'était pas insensible, car il aimait Théodora ; soumis, en bon chevalier, aux charmes de sa dame, il nomma Archevêque de Ravenne un des amans de cette femme.

JEAN X, 915. Bon soldat et mauvais Evêque, il devint Pape par la faveur de Théodora. Ayant eu le malheur de déplaire à la belle, mais inhumaine Marosie, il fut étouffé dans un cachot.

LÉON VI.

ETIENNE VII.

JEAN XI, 931. Marosie chérissait ses enfans; l'un d'eux lui dut la Papauté. Son règne fut un tissu de crimes qu'il expia avec sa mère dans le Château-Saint-Ange.

LÉON VII.

ETIENNE VIII.

MARTIN III.

AGAPET II.

JEAN XII, 956. Elu Pape, au moyen de la violence, à l'âge de dix-huit ans, il fut déposé dans un Concile, qui se contenta de l'accuser de s'être montré le casque à la tête, d'avoir donné à ses maîtresses l'argenterie de l'Eglise St.-Pierre, ainsi que le gouvernement de plusieurs villes, et d'avoir bu à la santé du diable. Il s'appelait Sporco avant de monter sur le trône Pontifical, et fut le premier à changer son nom. Un mari jaloux, dont il avait deshonoré la femme, l'assassina.

BENOIT V ET LEON VIII, 965. Après la déposition de Jean XII, Othon fit élire à sa place Léon VIII; les Romains, de leur côté, élurent Benoît V. Quel était le Pape? quel était l'antipape? Je n'en sais rien.

JEAN XIII, 965. Le crédit d'Othon le fit élire, et le Préfet de Rome le chassa, parce que les Romains s'étaient révoltés contre lui. Les vengeances des Papes sont terribles. Jean ayant été rétabli par son protecteur, fit pendre douze des révoltés, fouetter le Préfet, qu'il ordonna de promener assis au rebours sur un âne, et d'envoyer en exil.

BENOIT VI.

DOMNUS II.

BENOIT VII.
JEAN XIV.
JEAN XV.
JEAN XVI, 984. On lui doit la coutume de canoniser solennellement. Grâce à lui nous savons tous aujourd'hui qui est saint et qui est damné.

GRÉGOIRE V, 996. Le Roi Robert avait épousé Berthe, sa parente au quatrième degré, sans obtenir une dispense de Rome. Ce fut une raison assez forte auprès de Grégoire pour l'excommunier, avec Archambaud, Archevêque de Tours, qui avait béni le mariage, et les Prélats qui avaient assisté à la cérémonie. Robert et les Evêques pouvaient être coupables, mais les sujets ne l'étaient point. Les Papes ne distinguent pas de la sorte, et l'interdit fut jeté sur le Royaume entier.

SYLVESTRE II.

JEAN XVII ET JEAN XVIII, 1003. Jean XVIII était le bon, et Jean XVII le mauvais.

SERGIUS IV.

BENOIT VIII, 1012. Au couronnement de Henri II, Benoît demanda à ce Prince : « Voulez-vous me » garder, et aux Papes mes successeurs, la fi» délité en toutes choses? » Voilà comment, avec un peu d'adresse, on extorque d'injustes hommages à des Princes ignorans de leurs droits. Benoît eût été mieux à sa place dans un camp que dans une Église.

JEAN XIX, 1025. Les Papes ne respectent rien. Dans la primitive Eglise, l'élection de tous les Evêques appartenait au peuple ; Jean l'exclut de celle des Pontifes pour l'attribuer au seul clergé.

BENOIT IX, 1033. Les richesses de sa famille lui procurèrent la Papauté à l'âge de douze ans. Chassé deux fois par les Romains, à cause de ses infamies, il recouvra la tiare une troisième, et finit par la vendre au plus offrant.

GREGOIRE VI, 1044. Grégoire VI fut l'acheteur.

CLEMENT II.
DAMASE II.

LEON IX.
VICTOR II.
ETIENNE IX.
BENOIT X ET NICOLAS II, 1059. Compétiteurs au Pontificat. Benoît fut le plus faible.
ALEXANDRE II.
GREGOIRE VII, 1073. Ce Pape prétendait être le dispensateur des Couronnes, le Souverain de tous les Empires, le Supérieur de tous les Princes. Henri IV, Empereur d'Allemagne, s'étant, contre sa volonté, réservé les investitures des bénéfices, Grégoire le somma de venir rendre compte de sa conduite. Henri refusa et fit déposer le Pape au Concile de Worms. Grégoire l'excommunia à son tour, et défendit aux peuples de lui obéir. L'Empereur voyant ses sujets prêts à se révolter, s'humilia. Grégoire menaça aussi tous les Evêques de France de les priver de leurs siéges s'ils ne s'opposaient à ce que le Roi Philippe vendit les dignités ecclésiastiques.

L'Empereur Henri étant venu à Rome avec une armée, fit déposer Grégoire par les Evêques ses partisans, et mit à sa place un certain Guibert qui prit le nom de Clément III. Les deux partis s'anathématisèrent jusqu'à l'époque de la mort de Grégoire, à Salerne. On frémit en pensant qu'un tel homme a été canonisé.
VICTOR III.
URBAIN II, 1088. Urbain publia la première croisade contre les Turcs de la Palestine.
PASCAL II, 1099. Le jeune Henri V se révolta contre son père Henri IV, et eut pour soutien Pascal II. Ce Pape espérait jouir, sous le règne du jeune Prince, des investitures. Trompé dans son attente, il attaqua Henri V qui le fit saisir. Durant sa captivité il promit de ne plus inquiéter l'Empereur; mais il oublia sa parole dès qu'il fut libre. Alors les partisans de Henri se soulevèrent contre lui, et l'assaillirent à coups de pierres.
GELASE II.
CALLIXTE II, 1119. Henri avait créé Pape un Espagnol dont Callixte vint à bout de se rendre

maître. Le malheureux fut revêtu d'une peau de chèvre sanglante, les cornes accomodées sur le front, et promené dans Rome, monté sur un vieux chameau dont il tenait la queue entre les mains.

HONORIUS II.

INNOCENT II.

CELESTIN II.

LUCIUS II.

EUGENE III.

ANASTASE IV.

ADRIEN IV, 1154. Il ordonna le supplice du Grand Arnaud de Brescia, martyr de la liberté des peuples.

ALEXANDRE III.

LUCIUS III, 1181. Lucius dressa, de concert avec Frédéric, Empereur d'Allemagne, une longue constitution qui contenait des lois très-sévères contre les hérétiques. Cette constitution paraît avoir été l'origine de l'inquisition.

URBAIN III.

GREGOIRE VIII.

CLEMENT III.

CELESTIN III, 1191. Celestin, voulant montrer qu'il pouvait également donner et ôter les Empires, poussa d'un coup de pied une couronne qui fut mise ensuite sur la tête de l'empereur Henri VI et de l'Impératrice Constance.

INNOCENT III, 1198. Innocent résolut d'exterminer tous les hérétiques, et fit sentir aux Albigeois la force de sa résolution. Philippe-Auguste s'étant séparé d'Ingelburge, il jeta l'interdit sur le royaume de France. Innocent excommunia aussi et déposa Jean-Sans-Terre, Roi d'Angleterre, sous prétexte qu'il ne ménageait pas les droits du clergé.

HONORIUS III, 1216. Emule du Pape Sabinien, dont nous avons déjà parlé, il défendit d'enseigner le droit civil à Paris.

GREGOIRE IX, 1227. L'Empereur avait donné la Sardaigne à l'un de ses fils naturels. Grégoire, pour l'en punir, le déposa, et offrit ses Etats à Saint-Louis, qui eut la générosité de les refuser.

CELESTIN IV.

INNOCENT IV, 1242. Les dépositions de Rois étaient alors communes. Innocent fit subir à Frédéric le sort de plusieurs de ses prédécesseurs. Il donna aussi aux Cardinaux le chapeau rouge pour leur apprendre qu'ils doivent être prêts à verser leur sang pour l'Eglise Romaine.

ALEXANDRE IV.

URBAIN IV.

CLEMENT IV.

GREGOIRE X.

INNOCENT V.

ADRIEN V.

JEAN XX.

JEAN XXI.

NICOLAS III, 1278. Les injustices qu'il exerça pour enrichir sa famille, déshonorent sa mémoire. Il fit avec le Roi d'Aragon, une ligue contre Charles d'Anjou, roi de Sicile, qui avait méprisé son alliance. Cette ligue produisit les *vêpres Siciliennes*.

MARTIN IV, 1281. Michel Paléologue fut mis, par Martin, hors de l'Eglise. Ce Pape publia une croisade contre Pierre III, Roi d'Aragon, dont il donna les Etats à Philippe-le-Hardi.

HONORIUS IV.

NICOLAS IV.

CELESTIN V, 1291. Il fut un ignorant, et produisit par son imbécillité des fautes innombrables.

BONIFACE VIII, 1294. Si Célestin V avait abdiqué, ce n'était pas pour que son successeur le fît mettre en prison. Il serait long de tracer en détail la vie de Boniface; qu'il nous suffise de dire qu'il prêcha une croisade contre les Colonnes; qu'il excita les Princes d'Allemagne contre l'Empereur Albert; qu'il jeta l'interdit sur le royaume de France; qu'il excommunia enfin Philippe-le-Bel, qui le fit arrêter en Italie. La veille de sa captivité, il avait préparé une bulle dans laquelle il prétendait avoir reçu le pouvoir de gouverner les Princes avec une verge de fer, et de les briser à sa volonté comme on brise un vase d'argile. Il est l'auteur de la bulle *in cœnâ Domini*, ressuscitée par Pie V. Il ajouta à sa couronne une couronne nouvelle.

BENOIT XI.

CLEMENT V, 1305. Clément quitta Rome pour Avignon afin de ne pas se séparer de la Princesse de Périgord dont il était amoureux. Il fut l'auteur, avec Philippe-le-Bel, du supplice des malheureux Templiers.

JEAN XXII, 1316. Les Cardinaux étant divisés pour l'élection d'un Pape, s'en rapportèrent à la sagesse de Jean. *Ego sum Papa* fut sa modeste décision. Il est risible de le voir passer une partie de son pontificat à savoir si les frères mendians pouvaient dire avec vérité que le potage qui leur était servi leur appartenait, et si l'habit des Cordeliers devait être blanc, noir, gris, court ou long, de drap ou de serge! Après mainte réflexion, il se décida enfin pour la propriété du potage, et fit brûler plusieurs religieux d'un avis différent. On attribue à Jean XXII les taxes de la Chancellerie romaine, dont nous nous proposons de donner un extrait. Il porta le premier la triple couronne.

BENOIT XII, 1334. Jean XXII avait lancé de terribles anathèmes contre Louis de Bavière ; Benoît les confirma.

CLEMENT VI, 1342. Clément crut avoir le droit d'enjoindre à Louis de Bavière de venir se soumettre à ses ordres, de l'excommunier sur son refus, et de défendre à qui que ce fut de lui obéir, d'observer les traités faits avec lui, de le recevoir chez soi et de demeurer dans sa communion. Il parut de son temps une lettre écrite au nom du diable, et adressée à Clément son vicaire ; nous n'en citerons que la fin : « Votre mère la »superbe vous salue avec ses sœurs l'ava»rice et l'impureté, et les autres qui se »vantent que par votre secours elles sont »bien dans leurs affaires. » Clément acheta de Jeanne de Naples la souveraineté d'Avignon, qu'on ne paya jamais.

INNOCENT VI.

URBAIN V.	
GREGOIRE II, 1370.	L'Eglise marchait vers une réforme. Wiclef avait déjà manifesté des opinions anti-romaines, qui furent proscrites par Grégoire.
UBAIN VI, 1378.	Il fit prêcher une croisade contre la France et contre Clément VII, son compétiteur à la Papauté. Son armée ayant été dissipée, il fit arrêter six Cardinaux qu'il accusait d'avoir conspiré contre lui. Il ordonna ensuite qu'on les mît à mort, recommandant de les bien tourmenter avant qu'ils rendissent le dernier soupir.
BONIFACE IX, 1386.	Il fut avare et usurier.
INNOCENT VII, 1404.	Il n'en fut pas du schisme arrivé entre Clément VII et Urbain VI, comme de tant d'autres qui n'eurent qu'une courte durée. Celui-ci se prolongea long-temps après la mort des deux compétiteurs. Innocent VII, élu par la faction de Boniface IX, promit, à son sacre, d'abdiquer si le Pape d'Avignon voulait en faire autant; mais c'était une promesse de Pape, qu'il oublia bientôt après. Ladislas, Roi de Naples, le chassa de Rome pour le punir de son parjure.
GREGOIRE XII, 1406.	Encore une promesse d'abdiquer éludée comme la première, mais avec cette différence que Grégoire s'entendit avec le Pape d'Avignon, de telle sorte qu'ils gardèrent chacun leur trône.
ALEXANDRE V.	
JEAN XXIII, 1410.	Il fut élu en répandant l'argent qu'il avait amassé étant corsaire. On vit alors 3 Pontifes à la fois. Le Concile de Constance déposa Jean XXIII, et l'accusa d'avoir été, dès l'enfance, sans docilité, sans pudeur, sans affection pour ses proches; de s'être montré, durant ses légations, le fléau des peuples; d'avoir empoisonné Alexandre V; d'avoir été l'opresseur des pauvres, l'ennemi de la justice, l'appui des méchans, l'idole des simoniaques, l'esclave des voluptés, le scandale de l'Eglise.

MARTIN V, 1417. Il suffit de lire l'histoire de son inauguration pour se convaincre qu'il fut rempli de faste.

EUGENE IV, 1431. Eugène excita les Rois de Pologne et de Hongrie à violer la paix qu'ils avaient jurée aux Turcs, sur l'Evangile, sous prétexte que le traité avait été conclu sans sa participation. Il ratifia le jugement des Anglais contre J.ne d'Arc, accusée de magie.

NICOLAS V.

CALLIXTE III.

PIE II.

PAUL II, 1465. Ce Pape mourut d'une indigestion. Paul était mou, avare, de mauvaise foi, et fit mettre Platine deux fois en prison, tant les Evêques de Rome sont amis des lumières !

SYXTE IV.

INNOCENT VIII, 1484. Innocent voulait faire la guerre aux Turcs afin d'enrichir les enfans qu'il avait eus avant son Pontificat. La vertu ne fut pas son apanage.

ALEXANDRE VI, 1492. Sa vie est un tissu d'infamies : il fut assassin, parjure, empoisonneur ; il n'épargna aucun crime pour l'élévation de César Borgia, un des quatre fils qu'il avait eus de Vanozia. Il trompa tous les Princes avec lesquels il eut des relations politiques. Il implora le secours des Turcs contre les Français. Fidèle à ce principe, que toute la terre est le domaine des Papes, il traça aux Rois de Castille et de Portugal une ligne de démarcation pour les Indes occidentales. Par ses ordres, le malheureux Savonarole, qui s'efforçait de réformer l'Église, fut pris et brûlé.

PIE III.

JULES II. 1503. Son argent fut la cause de son élection. Jules ligua l'Europe contre la république de Venise, dont il excommunia les citoyens qui ne purent obtenir la paix qu'à des conditions très-dures. Il ligua une partie de l'Europe contre le Roi de France, jeta l'interdit sur son royaume, et délia ses sujets du serment de fidélité, parce qu'il n'avait pu obtenir quelques villes qu'il avait demandées. Michel-Ange ne sachant ce qu'il devait mettre entre les mains de sa statue, lui demanda s'il voulait tenir un livre. « Plutôt une épée, dit le Pape, » je sais mieux la manier. »

LEON X, 1513. C'est encore un de ces Pontifes dont il est difficile de deviner la grandeur. Plein d'ambition et de fausseté, il fit accroire à l'Espagne qu'il allait faire une croisade contre les Turcs, et en appela à la générosité du clergé. La véritable raison de cet appel, était que ses trésors étaient dissipés. Malheureusement pour Léon, le Cardinal Ximénès démêla ses artifices. Le Pape prit alors un autre moyen qui fut de faire prêcher des indulgences dans toute la Chrétienté. Il serait long, et surtout hideux, de raconter jusqu'à quel point les abus et les infamies furent poussés. Luther dont le zèle pour la réforme de l'Eglise n'avait pas eu encore l'occasion de se montrer au grand jour, commença dès lors ses prédications.

ADRIEN VI.

CLEMENT VII, 1524. L'intérêt gouverna sa politique. Il se ligua avec François I.er, les Princes d'Italie et le Roi d'Angleterre contre Charles-Quint. Mais les Impériaux s'emparèrent de Rome et y commirent des horreurs que Clément eût évitées en demeurant tranquille dans ses Etats. La bulle d'excommunication qu'il lanca contre Henri VIII fut le prétexte de la séparation de ce Prince.

PAUL III, 1534. Son origine est célèbre par l'établissement de l'inquisition dans l'Etat romain, et plus encore par la sanction qu'il donna à l'organisation de la société des Jésuites. Paul avait eu, avant d'être Pape, un fils qu'il créa duc de Parme et de Plaisance, et qui fut assassiné par ses sujets qui détestaient sa tyrannie.

JULES III, 1550. On surnomma Jules le Pape Simia, parce qu'il nomma Cardinal un domestique dont tout le mérite consistait à bien soigner un singe. Ses sujets furent chargés d'impôts sous son règne. Jules n'avait aucune décence dans ses manières.

MARCEL II.

PAUL IV, 1555. Paul excommunia Charles-Quint, sous prétexte qu'il ne s'opposait pas assez fortement aux progrès de la Réformation. Se croyant l'arbitre du Ciel et de la terre, il déclara tous les hérétiques, Princes, Rois, Empereurs, déchus de leurs trônes. Le dernier supplice était, selon lui, le seul remède contre l'erreur. Conformément à cette opinion il fit bâtir une prison nouvelle pour enfermer les victimes de l'inquisition. Le peuple jeta sa statue dans le Tibre.

PIE IV.

PIE V, 1566. Ayant été inquisiteur-général avant son Pontificat, le supplice du feu était l'arme ordinaire de sa justice. Palearius éprouva sa cruauté. Il frappa d'excommunication tous les souverains qui se refusaient à publier la bulle *in cœnâ Domini*, ramas de toutes les prétentions ultramontaines. Elisabeth fut mise par Pie V hors de l'Eglise. Ce Pape fut un vrai tyran.

GRÉGOIRE XIII, 1572. Grégoire envoya à Henri III des secours contre les Protestans. A la nouvelle de la St.-Barthélemi, il fit une procession pour en remercier le Ciel, et ordonna qu'on frappât une médaille pour éterniser la mémoire de ce massacre.

SIXTE V, 1585. Sixte dut son élévation à la ruse et à l'artifice ; il gouverna l'Eglise et ses Etats en tyran, et poussa le fanatisme jusqu'à assurer que Jacques Clément, assassin de Henri III, était au-dessus d'Eléazar et de Judith.

URAIN VII.

GREGOIRE XIV, 1590. Sixte-Quint avait amassé de grandes sommes, Grégoire les employa à défendre la ligue. Il défendit sous peine d'excommunication, aux Seigneurs et aux Evêques, de reconnaître Henri IV pour le Roi légitime.

INNOCENT IX, 1591. Ce Pape envoyait 50,000 écus par mois à la ligue. Il mourut avec le projet d'extirper l'hérésie de la Chrétienté.

CLEMENT VIII, 1592. Les fidèles sujets de Henri IV étaient traités, par lui, de bâtards et de fils de la servante; et les rebelles de la ligue : d'enfans légitimes et de piliers de l'Eglise. Clément envoya un Légat en France pour ordonner aux Catholiques d'élire un autre Roi.

LEON II.

PAUL V, 1605. Le Doge et le Sénat de Venise furent frappés, par lui, d'anathèmes parce qu'ils refusèrent de relâcher un chanoine et un abbé accusés de meurtre. Paul promit de mettre l'Etat Venitien à l'interdit si justice ne lui est faite dans 24 heures.

GREGOIRE XV.

URBAIN VIII, 1623. Urbain condamna le livre de Jansénius, Evêque d'Ypre. C'est ici que commencent les ridicules disputes sur le Jansénisme. Urbain poussa la manie de l'excommunication jusqu'à déclarer excommunié quiconque prendrait du tabac dans l'Eglise.

INNOCENT X, 1644. Encore une condamnation des cinq propositions de Jansénius, et avec elle des débats interminables. Palafox, Evêque dans l'Amérique, écrivit à Innocent une lettre sur les Jésuites missionnaires dont voici le sens : « Les Jésuites servent les gouvernemens et l'Eglise quand les gouvernemens et l'Eglise leur sont soumis; mais si les gouvernemens et l'Eglise ne font pas tout ce qui leur plaît, ils en deviennent les plus dangereux et les plus cruels ennemis ». La voix de Palafox fut perdue.

ALEXANDRE VII, 1655. Alexandre fut un pape très-fastueux. Ayant juré que, s'il obtenait le souverain Pontificat, il ne recevrait aucun de ses parens à Rome, il consulta un Jésuite sur les moyens d'éluder son serment. « Votre Sainteté, lui répondit le père, a bien promis de ne pas recevoir ses parens à Rome, mais non sur la route de Sienne. » Alexandre donna un formulaire à l'occasion du Jansénisme; c'est alors que naquit la distinction du droit et du fait.

CLEMENT IX.

CLEMENT X.

INNOCENT XI, 1676. Innocent eut de longs débats avec Louis XIV au sujet des franchises et de la régale, débats qui lui firent perdre le comtat d'Avignon. Il anathématisa les quatre articles de 1682 qui bornaient les prétendus droits des Papes; il refusa les bulles d'institution pour les Evêchés vacants, de telle sorte qu'à sa mort la France avait plus de trente sièges sans Evêques. Son plus bel acte fut de condamner la morale relâchée des Jésuites et le *quiétisme* de leur Jean Molinos.

ALEXANDRE VIII, 1689. Alexandre fulmina une bulle contre les quatre articles rédigés par Bossuet.

INNOCENT XII.

CLEMENT XI.

INNOCENT XIII, 1721. L'infâme Dubois obtint de lui le Chapeau de Cardinal; il est vrai qu'il lui devait la Tiare.

BENOIT XIII.

CLEMENT XII.

BENOIT XIV.

CLEMENT XIII, 1758. Son Pontificat est célèbre par l'expulsion des Jésuites du Portugal, de la France, de l'Espagne et du royaume de Naples.

CLEMENT XIV, 1769. Il est doux, après les tristes tableaux que nous venons de retracer, de s'arrêter un moment sur le plus grand des Papes. Clément XIV, homme de lettres et zélé pour le bien des peuples, supprima l'infâme bulle *in cœnâ Domini*. Attentif aux réclamations des Monarques, il éteignit à jamais la *Société de Jesus*. Aussi, Clément, après de si beaux actes, aurait pu espérer une fin aussi heureuse que sa vie avait été louable. Mais il avait pour ennemis les Jésuites, et le poison termina ses jours.

PIE VI,

PIE VII, 1800. Restituteur de l'ordre des Jésuites, il en partagea les opinions. Voici ce que nous lisons dans un excellent livre de M. Aignan, intitulé *de l'Etat des Protestans en France* :

» Des propriétés immobilières qui avaient appartenu à des Ecclésiastiques, avaient passé » dans les mains des Princes Protestans. Pie VII, » en 1805, s'en plaignit au Nonce résidant à » Vienne; il lui rappela que, suivant les lois de » l'Eglise, non seulement les hérétiques ne pou» vaient pas posséder des biens ecclésiastiques, » mais qu'ils ne pouvaient même en posséder » d'aucune espèce, puisque le délit d'hérésie de» vait être puni de la confiscation des biens. Il » ajoutait que les sujets d'un Prince hérétique » demeuraient affranchis de tout devoir envers » lui, dispensés de toute fidélité, de tout hom» mage. » A la vérité, disait-il, « Nous sommes » tombés en des temps si calamiteux, et d'une si » grande humiliation pour l'Epouse de J.-C., » qu'il ne lui est plus possible de pratiquer, ni » expédient de rappeler de si saintes maximes; » et qu'elle est forcée d'interrompre le cours de » ses justes rigueurs envers les ennemis de la foi; » mais si elle ne peut exercer son droit de dépo» ser de leurs principautés, et de déclarer déchus » de leurs biens les partisans de l'hérésie, pour» rait-elle jamais permettre que, pour les enri» chir, on la dépouillât de ses propres domaines? » Quel sujet de dérision n'offrirait-elle point aux » hérétiques eux-mêmes, et aux incrédules qui, » en insultant à sa douleur, diraient qu'on a » trouvé le moyen de la rendre tolérante ! »

Le même Pontife, dans une instruction adressée en 1808 à ses agens en Pologne, professe cette doctrine : « Que les lois de l'Eglise ne recon» naissent pas d'état civil aux personnes non ca» tholiques; que pour elles, il n'y a point de » mariage valable; qu'elles ne peuvent vivre » qu'en concubinage; que leurs enfans, comme » bâtards, sont inhabiles à leur succéder; que » les catholiques eux-mêmes ne sont mariés va» lablement qu'autant qu'ils le sont suivant les » règles prescrites par la Cour de Rome; et que, » toutes les fois qu'ils sont mariés suivant ces rè» gles, leur mariage est valable, eussent-ils d'ail» leurs enfreint toutes les règles de leur pays. »

LEON XII, 1823. Il nous a montré qu'il avait aussi la manie de l'excommunication.

Apocal. XVII. 1. « Alors l'un des sept anges, qui avait les »sept fioles vint, et il me parla et me dit : viens, je te mon»trerai la condamnation de la grande prostituée qui est as»sise sur plusieurs eaux; avec laquelle les Rois de la terre »ont commis fornication, et qui a enivré du vin de sa pros»titution les habitans de la terre. » Et à nous aussi, l'histoire nous a montré la condamnation de Babylone, écrite en caractère de sang sur le livre du malheur. Nous avons vu les peuples, lassés de persécutions et des crimes des Pontifes, s'élancer vers la liberté de la saine morale, et repousser avec horreur les monumens d'infamie que nous allons mettre sous les yeux du lecteur.

EXTRAIT DES TAXES DE LA CHANCELLERIE ROMAINE.

DE CAUSIS MATRIMONIALIBUS.

Divortium simplex taxatur turonenses 7 ducatus 1 *carlini* 6.

Quandò adulter vel is qui fidem de contrahendo dedit, vel de facto contraxit, machinatus fuerit mortem alterius conjugis cùm effectu nunquam cùm illo dispensatur ut cùm altero contrahat, sed in jam contracto tantùm dispensatur (cùm modo negotium sit penitens occultum) in foro consientiæ tantùm, et taxa est tur. 36 *duc.* 9.

Si quis mortem conjugi suæ machinatus est effectu non sequuto, nec fide altori datâ, dispensatur ut mortuâ conjuge cùm alterâ contrahat et taxatur tur. 9 *duc.* 2 *carl.* 9.

Si quis conjugem suam plures annos absentem obiisse credens, aliam duxerit in eo matrimonio maneat et durante hâc credulitate debitum conjugale exactus reddat, non autem exigeat. Si prior conjux redierit, secundâ relictâ, priori adherebit et taxa est tur. 9 *duc.* 2 *carl.* 9.

DES CAUSES DE MARIAGE.

Le divorce simple est taxé 7 tournois 1 ducat 6 carlins.

Lorsqu'un adultère, ou celui qui a promis sa foi ou contracté mariage, a machiné la mort de l'autre partie, et que son dessein a été effectué, il ne peut être dispensé pour se marier avec un autre; mais s'il a déjà contracté, alors seulement on le dispense (pourvu que l'affaire soit secrète) dans le secret de la conscience, et la taxe est de 36 tournois 9 ducats.

Si quelqu'un a machiné la mort de sa femme, et que son dessein n'ait pas été suivi d'effet, on le dispense, après la mort de son épouse, pour en prendre une autre, et on le taxe 9 tournois 2 ducats 9 carlins.

Si quelqu'un croyant que sa femme, absente depuis plusieurs années, est morte, vient à en épouser une autre pendant qu'il reste dans cette croyance, il peut s'acquitter de l'office conjugal et non l'exiger; si la première femme est de retour, il quittera la seconde pour s'attacher à la première, et sa taxe est de 9 tournois 2 duc. 9 carl.

DE HEBRÆIS.

Ut Hebræus possit habere synagogaud in domô suâ, taxatur tur. 30 *duc.* 7 *carl.* 6.

Pro licentiâ erigendi dè novo publicam synagogaud, taxa est tur. 60 *duc.* 15.

Pro licentiâ medendi cùm assistentiâ, taxatur hebræus tur. 60.

DES JUIFS.

Un Juif, afin de pouvoir jouir du privilége d'avoir une synagogue dans sa maison, est taxé 30 tourn. 7 duc. 6 c.

La taxe pour la permission de bâtir de nouveau une synagogue publique, est de 60 tournois 15 ducats.

Un Juif, afin de pouvoir exercer la médecine avec la clause d'assistance, est taxé 60 tournois.

LICENTIA SUSCIPIENDI ORDINES.

Super defectu utriusque vel alterius genitalium, tur. 6 *duc* 2.

Pro illo qui sibi ipsi membrum virile absudit, tur. 12 *duc.* 3.

PERMISSION DE RECEVOIR LES ORDRES.

Pour le défaut des deux . . . . . ou de l'un des deux, 6 tournois 2 ducats.

Pour celui qui s'est coupé lui-même le . . . . 12 tournois 3 duc.

DE ABSOLUTIONIBUS ET DISPENSATIONIBUS.

Qui violentam manum jecit in clericum vel presbiterum, taxatur tur. 6 *duc.* 2.

Qui in abbatem vel prælatum generalem alicujus ordinis, tur. 12 *duc.* 3 *carl.* 6.

Qui in Episcopum vel superiorem Prælatum, tur. 24 *duc.* 6.

DES ABSOLUTIONS ET DES DISPENSES.

Celui qui a frappé un Clerc ou un Prêtre est taxé 6 tournois 2 ducats.

Celui qui a frappé un Abbé ou le Général d'un ordre, est taxé 12 tourn. 3 ducats 6 carlins.

Celui qui a frappé un Evêque ou un autre Prélat, son supérieur, est taxé 24 tournois 6 ducats.

DE MUTILATIONE.

Pro Clero cum suis limitationibus consuetis, tur. 18 *duc.* 4 *car.* 9.

Si quis matilavit Abbatem vel Generalem adduntur, tur. 6.

Si Episcopum adduntur, tur. 12.

Si Laïcus Laïcum, datur in foro conscientiæ et taxatur tur. 6 *duc.* 2.

DE LA MUTILATION.

Pour un Clerc, avec les limitations accoutumées, 18 tourn. 4 duc. 9 carl.

Six tournois de plus pour celui qui a mutilé un Abbé ou un Général d'ordre.

Douze tournois de plus pour la mutilation d'un Evêque.

Si c'est un Laïque qui ait mutilé un Laïque, on le dispense dans le secret de la conscience et on le taxe 6 tourn. 2 ducats.

DE LAÏCIDIO.

Laïcidium in formâ pro uno Laïco tantùm, tur 3. *duc.* 1. *carl.* 4.

Si unus plures in uno conflictu occidit taxatur pro uno tantùm.

DU MEURTRE DES LAÏQUES.

La dispense *in formâ* pour le meurtre d'un seul Laïque, est de 3 t. 1 d. 4 c.

Celui qui en a tué plusieurs dans la même affaire est taxé comme pour un seul.

DE PARRICIDIO.

Parricidium, Matricidium, Fratricidium, Sororicidium, taxatur pro uno tantùm, tur. 4 duc. 1 carl. 8.

DU PARRICIDE.

Le meurtre d'un Père, d'une Mère, d'un Frère, d'une Sœur, est taxé pour chacun, séparément, 4 t. 1 d. 8 c.

DE UXORICIDIO.

Taxatur periudè atque parricidium. Si occisor petierit licentiam controhendi cùm aliâ tur. 8 duc. 2 carl. 9.

Et pro aliis qui marito in eo negotio auxilium præstiterunt, augetur taxa duobus turonensibus pro quolibet.

DU MEURTRE DES ÉPOUX.

Le meurtre d'un époux est taxé comme le parricide. Si l'époux meurtrier demande la permission de contracter avec un autre, il payera 8 tourn. 2 d. 9 c.

La taxe doit être augmentée de deux tournois pour ceux qui ont donné secours au mari dans cette affaire.

DE INFANTICIDO.

Pro uno tantùm, tur. 4 duc. 1 carl. 8. Si pater vel mater, aut consanguineus, infantem oppressit, si verò extraneus tanquàm de laicidio.

Pro viro et uxore simul, tur. 6 duc. 2.

DE L'INFANTICIDE.

Pour un seul infanticide, lorsque le père, la mère ou un parent a étouffé l'enfant, la taxe est de 4 t. 1 d. 8 c.; mais si le meurtre a été commis par un étranger, la taxe est égale à celle exigée pour le meurtre d'un laïque.

Le mari et la femme, qui ont commis ensemble un infanticide, sont taxés 6 tournois 2 ducats.

DE ABORTU.

Pro muliere qui cepit potum ad necandum fetum, vel patre qui dedit potum matri, tur. 4 duc. 1 carl. 8.

Pro extraneo qui procuravit abortum alterius, tur. 4 duc. 1 carl. 5.

DE L'AVORTEMENT.

La taxe, pour une femme qui a pris un breuvage pour faire périr son embryon, ou pour un père qui a donné ce breuvage à la mère, est de 4 tourn. 1 ducat 8 carlins.

L'étranger qui a procuré l'avortement payera 4 tourn. 1 ducat 5 carl.

DE LAPSU CARNIS.

. . . .

DES PÉCHÉS DE LA CHAIR.

. . . .

Nous nous arrêtons ici, car il est un terme où la décence alarmée réclame ses droits. Si après avoir lu ce dernier chapitre il existe quelqu'un qui ne soit pas convaincu que la Papauté est un fléau pour les peuples, qu'il réponde;

sinon qu'il écoute la voix du Ciel criant : « sor-
» tez de Babylone, mon peuple, afin que vous
» ne participiez point à ses péchés, et que vous
» ne receviez point de ses plaies. » Ap. xviii. 4.

FIN.

www.ingramcontent.com/pod-product-compliance
Lightning Source LLC
LaVergne TN
LVHW020337230826
846091LV00003B/917
9782012831667